Scoprire i Giochi Gratuiti Online

Disponibile Qui:

**BestActivityBooks.com/FREEGAMES**

# 5 CONSIGLI PER INIZIARE

## 1) COME RISOLVERE LE PAROLE INTRECCIATTE

I puzzle hanno un formato classico:

- Le parole sono nascoste senza spazi o trattini,...
- Orientamento: Le parole possono essere scritte in avanti, indietro, verso l'alto, verso il basso o in diagonale (possono essere invertite).
- Le parole possono sovrapporsi o intersecarsi.

## 2) APPRENDIMENTO ATTIVO

Accanto ad ogni parola c'è uno spazio per scrivere la traduzione. Per incoraggiare l'apprendimento attivo, un **DIZIONARIO** alla fine di questa edizione vi permetterà di controllare e ampliare le vostre conoscenze. Cerca e scrivi le traduzioni, trovale nel puzzle e aggiungile al tuo vocabolario!

## 3) SEGNARE LE PAROLE

Puoi inventare il tuo sistema di segni. Forse ne usi già uno? Per esempio, puoi segnare le parole difficili da trovare con una croce, le parole preferite con una stella, le parole nuove con un triangolo, le parole rare con un diamante, e così via.

## 4) STRUTTURARE L'APPRENDIMENTO

Questa edizione offre un **TACCUINO** alla fine del libro. In vacanza, in viaggio o a casa, puoi organizzare facilmente le tue nuove conoscenze senza bisogno di un secondo quaderno!

## 5) AVETE FINITO TUTTE LE GRIGLIE?

Nelle ultime pagine di questo libro, nella sezione della **SFIDA FINALE**, troverete un gioco gratuito!

**Facile e veloce!** Dai un'occhiata alla nostra collezione di libri di attività per il tuo prossimo momento di divertimento e **apprendimento,** a portata di clic!

Trova la tua prossima sfida su:

BestActivityBooks.com/MioProssimoLibro

# Ai vostri posti, pronti...Via!

Sapevi che ci sono circa 7.000 lingue diverse nel mondo? Le parole sono preziose.

Amiamo le lingue e abbiamo lavorato duramente per creare libri di altissima qualità. I nostri ingredienti?

Una selezione di argomenti adatti all'apprendimento, tre buone porzioni di intrattenimento, una cucchiaiata di parole difficili e una spolverata di parole rare. Li serviamo con amore e entusiasmo in modo che tu possa risolvere i migliori giochi di parole e divertirti imparando!

-------

La vostra opinione è essenziale. Puoi partecipare attivamente al successo di questo libro lasciandoci un commento. Ci piacerebbe sapere cosa ti è piaciuto di più di questa edizione.

Ecco un link veloce alla pagina dell'ordine:

## BestBooksActivity.com/Recensione50

Grazie per il vostro aiuto e buon divertimento!

*Tutta la squadra*

# 1 - Salute e Benessere #2

```
B R L A A V I Ž Ý V C W J A H F
H U A V L E N Á U N H H K N Y B
P M C A H R F S X E U Z Y A G Y
T W O R B K E A O C Ť O H T I N
Ě R M T Í X K M B D V K M O E G
L S E S N V C D F J W F E M N A
O O N T E O E I G R E N E I A K
Y L Í V V I S T Y E T G B E J I
V S M L Á E R T K A L O R I E T
Y C A V R D E H Y D R A T A C E
H L T W T N E M O C N I C E O N
R E I D S U U Y K N W R D V E E
P G V K C T E H A M D M H R R G
N K Z B B I D X N T R P M C S E
A U K E P Z I T R U Z R X W E T
N Z D R A V Ý A L E R G I E V Z
```

| | |
|---|---|
| ALERGIE | HYGIENA |
| ANATOMIE | INFEKCE |
| CHUŤ | NEMOC |
| KALORIE | MASÁŽ |
| TĚLO | VÝŽIVA |
| STRAVA | NEMOCNICE |
| TRÁVENÍ | HMOTNOST |
| DEHYDRATACE | KREV |
| ENERGIE | ZDRAVÝ |
| GENETIKA | VITAMÍN |

# 2 - Aggettivi #2

```
M F A U S Z J S P E D B E S O H
H W H Y M R A H C Ř K C E S E L
Č I S T Ý H R J L N Í E G I J A
V S C C K C F E Í I N R C Ý A D
Ý U G C C U K O A M W K O K P O R
R C O Ý I C L V O J A P M D Ý V
O H Í N T N A G E L E V I A N Ý
B Ý N D A V S L A V N Ý Ý L S Í
N D L Ě M A O D O R O O L S I I
Í R Á V A S T Ř Z A M M W K P Z
H H M O R Z V O I S I L N Ý O N
L O R P D X C Y O V N V Z Y P X
W N O D J Z S E S C Ý N A L S V
Y G N O A U T E N T I C K Ý N M
K M L I H V B T J B M A L U D V
U M R T T M N O V Ý V A R D Z F
```

| | |
|---|---|
| HLADOVÝ | ZAJÍMAVÝ |
| SUCHÝ | PŘÍRODNÍ |
| AUTENTICKÝ | NORMÁLNÍ |
| TVOŘIVÝ | NOVÝ |
| POPISNÝ | HRDÝ |
| SLADKÝ | VÝROBNÍ |
| DRAMATICKÝ | ČISTÝ |
| ELEGANTNÍ | ODPOVĚDNÝ |
| SLAVNÝ | SLANÝ |
| SILNÝ | ZDRAVÝ |

# 3 - Ingegneria

```
D I A G R A M P K M O R S M L S
O P U N H D W Á O Ě Y M T N S T
I R P Z K R V K N Ř N V R V S A
W Ů A Z J Y Y S E U W U A K B
T M V M C K V S T N T M K L Y I
G Ě G H S Y V Z R Í P J T Y I L
E R J L P K Y K U V E Y U E P I
N W A E I P W E K Z P X R H M T
O F I N I K O A C O A N A K O A
H S E E N A L H E C A T O R T V
S W A R A P X S O K K L D I O Ý
T F A G F A T M W N B B Í Y R P
R P L I T L E H Ú Y U A Z S K O
O T M E A I V Y X N O V K M K Č
J U V X A N J R K C L T E T J E
M G N F L A Y D G S H N N B T T
```

ÚHEL
OSA
VÝPOČET
KONSTRUKCE
DIAGRAM
PRŮMĚR
NAFTA
ENERGIE
SÍLA
PÁKY

KAPALINA
STROJ
MĚŘENÍ
MOTOR
HLOUBKA
POHON
ROTACE
STABILITA
STRUKTURA

# 4 - Archeologia

```
O A S Y C L L O V A W R O L É A
L B N T Í N E C O N D O H S R C
Z L J A A E F U C J N S Z T A P
H C N E L R P O T O M E K A S Y
K D E R K Ý O R D S Á F Í R X D
I L R N T T Z V C F R O N O P P
A O B Z G K Y A Ě Z H R M V N Y
F M J X W D S R X K C P U Ě Y M
K O S T I Y M E K J Ý O K K E Y
N E Z N Á M Ý L L U M D Z I R P
H R O B K A T I I N N B Ý M N T
F O S I L I E K X O F O V I Z A
E C A Z I L I V I C I R C H F V
Z Á H A D A C I Z X I N X B Z E
E I K V T J Y E W P D Í G S Z Y
Z A P O M E N U T Ý B K L Y H I
```

| | |
|---|---|
| ANALÝZA | OBJEKTY |
| STAROVĚK | KOSTI |
| STAROVĚKÝ | PROFESOR |
| CIVILIZACE | RELIKVIE |
| ZAPOMENUTÝ | VÝZKUMNÍK |
| POTOMEK | NEZNÁMÝ |
| ÉRA | TÝM |
| ODBORNÍK | CHRÁM |
| FOSILIE | HROBKA |
| ZÁHADA | HODNOCENÍ |

# 5 - Salute e Benessere #1

```
S Y L Y V R E N L H D A D J M Z
V L É L Ý C V P G O G Y N S P L
A É K U Š Y X S U R I V O Z J O
L K A B K Y V Z X M P B G I E M
Y Á Ř U A D X D C O U F N U C E
E R C Y L L N P M N V V E O A N
Y N U J B X F H T Y K S C E K I
R A O K Ů Ž E I R E T K A B T N
L L É Č B A P L R Y X T A I A A
É B Y X A K K D F U T P A T V C
K A N H W I F E X E T I L K N H
T U P O O N U V P T R X E O Í S
V E C B R I Y D D T J U R S N A
L R J U N L T E R A P I E T R V
B J X N C K U B H D L W Y I U V
V T J I T O L H E A O H G D U U
```

ZVYK
VÝŠKA
AKTIVNÍ
BAKTERIE
KLINIKA
HLAD
LÉKÁRNA
ZLOMENINA
LÉK
LÉKAŘ

SVALY
NERVY
HORMONY
KOSTI
KŮŽE
REFLEX
RELAXACE
TERAPIE
LÉČBA
VIRUS

# 6 - Aggettivi #1

```
U  M  Y  P  D  G  I  N  U  D  E  F  F  P  A  P
D  P  K  F  H  O  M  J  C  P  W  O  I  I  R  E
Ů  C  Ř  W  D  V  F  X  T  L  F  N  H  J  O  R
L  E  H  Í  N  R  E  D  O  M  B  X  Ý  K  M  F
E  N  T  N  M  V  O  B  R  O  V  S  K  Ý  A  E
Ž  N  O  T  B  N  A  A  O  Y  P  G  C  D  T  K
I  Ý  T  U  O  A  Ý  H  U  O  L  D  I  A  I  T
T  E  O  L  X  C  M  V  I  V  P  E  T  L  C  N
Ý  V  Ž  O  Y  G  U  B  R  V  F  U  O  M  K  Í
I  N  N  S  W  F  N  M  I  K  W  D  X  P  Ý  D
N  H  Ý  B  X  O  U  Y  Ě  C  H  F  E  G  R  Z
A  C  O  A  V  E  L  K  Ý  L  I  U  E  N  D  Y
A  K  T  I  V  N  Í  L  K  A  E  Ó  K  H  Ě  W
P  O  M  A  L  Ý  D  M  Ž  F  W  C  Z  Y  T  R
T  E  N  K  Ý  S  M  E  Ě  E  M  S  K  N  Š  U
L  O  G  R  A  V  C  P  T  V  U  Y  A  Ý  Í  E
```

| | |
|---|---|
| AMBICIÓZNÍ | TOTOŽNÝ |
| AROMATICKÝ | DŮLEŽITÝ |
| UMĚLECKÝ | POMALÝ |
| ABSOLUTNÍ | DLOUHÝ |
| AKTIVNÍ | MODERNÍ |
| OBROVSKÝ | UPŘÍMNÝ |
| EXOTICKÝ | PERFEKTNÍ |
| ŠTĚDRÝ | TĚŽKÝ |
| MLADÝ | CENNÝ |
| VELKÝ | TENKÝ |

# 7 - Geologia

```
E  L  V  G  A  V  Y  R  N  M  L  R  U  Z  M  A
L  Z  Á  E  T  O  R  J  E  S  K  Y  N  Ě  J  V
J  K  P  J  S  X  H  S  E  I  T  N  T  D  S  P
D  O  N  Z  A  T  X  Y  T  B  E  H  F  W  T  L
A  N  Í  Í  P  I  A  E  G  V  D  G  E  H  A  O
Z  T  K  R  I  B  P  L  Ů  S  A  O  R  T  L  Š
E  I  L  I  S  O  F  Á  A  K  P  O  S  V  A  I
M  N  E  M  E  Ř  K  R  K  K  L  Á  V  A  G  N
Ě  E  V  A  C  M  G  O  S  R  T  K  P  L  M  A
T  N  D  R  G  I  B  K  U  G  Y  I  J  I  I  E
Ř  T  K  Y  S  E  L  I  N  A  P  S  T  L  T  R
E  A  Y  T  X  N  X  R  E  E  S  R  T  R  Y  O
S  Y  G  N  S  E  I  H  M  T  C  M  G  A  D  Z
E  T  O  A  K  A  Y  L  Á  R  E  N  I  M  L  E
N  O  U  L  E  T  Y  V  K  Y  X  Y  F  F  K  Y
Í  J  J  K  O  J  A  D  V  Y  D  I  A  D  E  I
```

| | |
|---|---|
| KYSELINA | LÁVA |
| PLOŠINA | MINERÁLY |
| VÁPNÍK | KÁMEN |
| JESKYNĚ | KŘEMEN |
| KONTINENT | SŮL |
| KORÁL | STALAGMITY |
| KRYSTALY | STALAKTIT |
| EROZE | VRSTVA |
| FOSILIE | ZEMĚTŘESENÍ |
| GEJZÍR | SOPKA |

# 8 - Campeggio

```
D  K  Á  N  O  E  X  Y  E  F  F  J  T  Y  P  J
B  O  E  G  Ň  U  L  M  S  F  X  E  G  T  A  F
M  R  B  E  E  T  H  O  N  A  L  S  T  A  N  P
B  E  X  R  H  L  G  R  V  K  A  B  I  N  A  Ř
E  Z  E  H  O  V  T  W  O  Z  C  Z  G  J  Í
N  E  N  A  T  D  K  S  V  C  Y  Y  K  R  X  R
F  J  H  I  Í  T  R  O  K  L  O  B  O  U  K  O
Y  H  O  A  S  U  M  U  M  E  I  K  R  Y  R  D
C  V  R  Y  Í  L  Y  M  Ž  P  H  V  M  V  C  A
F  E  A  X  C  I  A  N  S  S  A  V  A  B  Á  Z
Z  V  Í  Ř  A  T  A  R  P  E  T  S  H  M  Y  Z
O  C  Y  B  P  P  P  P  X  L  P  V  S  Z  U  X
U  B  H  O  U  W  A  K  S  V  M  C  Í  S  Ě  M
Z  F  X  K  O  U  M  U  G  T  E  U  B  A  P  T
A  B  W  V  H  M  O  N  Z  C  R  Y  T  Y  P  U
A  P  W  M  A  B  B  B  C  C  L  T  V  M  X  V
```

| | |
|---|---|
| STROMY | ZÁBAVA |
| HOUPACÍ SÍT | LES |
| ZVÍŘATA | OHEŇ |
| DOBRODRUŽSTVÍ | HMYZ |
| KOMPAS | JEZERO |
| KABINA | MĚSÍC |
| LOV | MAPA |
| KÁNOE | HORA |
| KLOBOUK | PŘÍRODA |
| LANO | STAN |

# 9 - Arti Visive

```
U  A  F  W  M  B  E  C  V  V  M  J  W  M  V  F
M  D  Ř  E  V  Ě  N  É  U  H  L  Í  Í  V  E  O
Ě  L  U  U  W  F  A  M  B  P  I  W  P  L  L  T
L  A  Y  C  C  N  J  G  A  R  F  N  N  U  E  O
E  K  K  O  V  A  O  C  K  L  N  L  J  F  D  G
C  D  J  B  N  R  T  E  Ž  M  O  L  R  B  Í  R
Y  V  O  S  K  D  S  C  U  P  W  V  U  C  L  A
T  V  O  Ř  I  V  O  S  T  S  N  Y  Á  N  O  F
A  R  C  H  I  T  E  K  T  U  R  A  V  N  G  I
H  D  I  R  I  Í  T  Š  A  B  L  O  N  A  Í  E
C  B  Í  T  V  N  É  M  N  S  T  Z  C  I  H  V
O  I  P  Ř  P  E  R  S  P  E  K  T  I  V  A  T
S  O  A  D  K  Ž  T  J  A  L  K  E  E  W  X  I
E  L  Y  W  S  O  R  W  M  B  V  O  I  E  I  H
J  D  J  T  N  L  O  O  K  S  K  I  T  O  N  H
P  E  R  O  C  S  P  G  X  M  S  P  F  E  W  V
```

| | |
|---|---|
| ARCHITEKTURA | FOTOGRAFIE |
| JÍL | KŘÍDA |
| UMĚLEC | TUŽKA |
| VELEDÍLO | PERO |
| DŘEVĚNÉ UHLÍ | MALOVÁNÍ |
| STOJAN | PERSPEKTIVA |
| VOSK | PORTRÉT |
| SLOŽENÍ | SOCHA |
| TVOŘIVOST | ŠABLONA |
| FILM | LAK |

# 10 - Tempo

```
I  O  T  J  V  Í  N  Č  O  R  U  E  K  D  F  P
T  L  Z  W  N  T  E  O  P  Y  P  K  B  A  T  M
D  K  Y  S  H  E  H  H  C  B  P  K  W  O  Y  Z
T  I  D  N  C  L  N  Z  N  W  C  S  D  C  S  N
B  N  M  I  E  O  G  K  T  V  D  N  E  M  Ř  K
M  H  U  S  Z  T  H  U  R  C  L  V  S  I  Á  O
E  S  D  V  Y  S  O  K  Á  A  W  S  E  N  D  I
E  M  A  Č  B  X  U  J  N  E  D  Ý  T  U  N  T
D  B  W  E  X  R  W  W  O  S  I  A  I  T  E  B
C  J  U  R  P  K  Z  D  D  E  Ř  P  L  A  L  F
F  R  K  A  A  O  Z  Y  E  L  P  Z  E  K  A  I
U  M  G  N  W  R  L  H  N  G  H  F  T  Y  K  K
F  L  E  I  O  E  W  E  B  C  D  C  Í  E  V  N
P  N  Y  D  G  D  T  Y  D  R  M  Ě  S  Í  C  F
X  U  E  O  D  B  T  S  O  N  C  U  O  D  U  B
I  N  D  H  H  O  D  I  N  Y  E  G  F  E  Z  W
```

| | |
|---|---|
| ROK | POLEDNE |
| ROČNÍ | MINUTA |
| KALENDÁŘ | NOC |
| DESETILETÍ | DNES |
| PO | HODINA |
| BUDOUCNOST | HODINY |
| DEN | BRZY |
| VČERA | PŘED |
| RÁNO | STOLETÍ |
| MĚSÍC | TÝDEN |

# 11 - Astronomia

```
A O B S E R V A T O Ř A M J L I
S D A L E K O H L E D S Ě M E Z
T B M E B E N L W A F T S X B U
E C A T I V A R G Z M R Í I N T
R B V N Z X D W J P H O C E T H
O E L K X K A X B A Í N E Ř Á Z
I K O S M O S L P Y W O B T M A
D S M I X Y A J A L G M A R E G
L D U E K C O O Y G A M G O T Z
S Y J P H P C O C H Y N P Z E R
S J F Z E B R M H J B C E V O A
J G K Z E R Í M S E V N N T R K
E H T S O N N E D O N V O R A E
Y Z N T U A N O R T S A D N L T
P Z F E X A N I V O H L M S L A
S O U H V Ě Z D Í A B D S H X G
```

ASTEROID
ASTRONAUT
ASTRONOM
NEBE
KOSMOS
SOUHVĚZDÍ
ROVNODENNOST
GALAXIE
GRAVITACE
MĚSÍC

METEOR
MLHOVINA
OBSERVATOŘ
PLANETA
ZÁŘENÍ
RAKETA
SUPERNOVA
DALEKOHLED
ZEMĚ
VESMÍR

# 12 - Algebra

```
Z  F  A  K  T  O  R  M  J  Y  K  U  F  D  B  Z
Á  A  P  X  J  D  V  L  J  V  B  U  K  N  I  L
V  R  N  Á  D  E  Z  M  O  G  A  Z  P  J  U  O
O  G  U  Í  N  Á  T  Í  Č  D  O  L  S  Í  Č  M
R  K  L  V  R  N  M  A  T  I  C  E  V  G  I  E
K  G  A  O  C  Y  Ě  P  R  O  B  L  É  M  Í  K
A  D  I  A  G  R  A  M  R  F  A  L  E  Š  N  Ý
N  G  G  G  Y  H  D  K  O  O  V  Z  O  R  E  C
J  E  D  Z  A  S  I  U  I  R  V  L  B  G  Š  L
J  R  K  A  D  X  V  W  I  A  P  N  H  A  E  I
K  H  O  O  L  X  I  Z  J  Y  G  O  I  J  Ř  N
H  Z  U  V  N  X  Z  Y  U  O  M  A  X  C  C  E
W  P  R  P  U  E  E  T  N  E  N  O  P  X  E  Á
B  F  D  G  F  H  Č  A  V  R  E  T  D  X  Y  R
B  T  I  Š  U  D  O  N  D  E  J  Z  M  A  V  N
D  M  Y  W  N  N  Z  R  Ý  W  I  T  N  V  L  Í
```

| | |
|---|---|
| DIAGRAM | LINEÁRNÍ |
| DIVIZE | MATICE |
| ROVNICE | ČÍSLO |
| EXPONENT | ZÁVORKA |
| FALEŠNÝ | PROBLÉM |
| FAKTOR | ZJEDNODUŠIT |
| VZOREC | ŘEŠENÍ |
| ZLOMEK | ODČÍTÁNÍ |
| GRAF | PROMĚNNÁ |
| NEKONEČNÝ | NULA |

# 13 - Mitologia

```
M W H N H L E G E N D A B K F P
R W V L R B L P M H L R O A K M
M A M R D H L H V K A E J T N A
T S O V I L R Á Ž R B Š O A F G
N I A Í N Á V O H C Y Í V S A I
M M E E A B L E S K R Ř N T Z C
W W N V H L W K G R I P Í R C K
I S N T W X Í L G U N O K O S Ý
K U L T U R A S P C T F L F B A
A R C H E T Y P H R O M S A B E
S M R T E L N Ý A K S N P A G E
W L V Y T V O Ř E N Í Y O H J P
S A K A K D R S G E Z R L H K X
B M V C T S T V O Ř E N Í A W J
B O Ž S T V A P O M S T A X K P
G M U N E S M R T E L N O S T T
```

ARCHETYP
CHOVÁNÍ
STVOŘENÍ
VYTVOŘENÍ
KULTURA
KATASTROFA
BOŽSTVA
HRDINA
SÍLA
BLESK

ŽÁRLIVOST
BOJOVNÍK
NESMRTELNOST
LABYRINT
LEGENDA
MAGICKÝ
SMRTELNÝ
PŘÍŠERA
HROM
POMSTA

# 14 - Piante

```
Z  M  T  B  P  T  S  Ů  R  L  V  E  M  G  U  W
J  A  R  Ó  L  F  R  O  E  I  E  R  W  O  C  F
K  T  H  M  E  C  H  Á  O  S  G  O  X  F  X  M
T  A  J  R  F  I  F  W  V  T  E  V  W  F  C  P
Ř  E  K  B  A  V  F  I  I  A  T  P  B  A  Y  M
M  O  R  T  S  D  U  P  J  N  A  R  O  A  R  W
C  J  Z  S  U  J  A  K  O  I  C  R  B  O  J  C
S  O  T  X  B  S  E  L  N  T  E  J  U  J  J  S
H  T  N  V  M  B  U  U  H  Ě  P  O  L  H  I  W
H  E  J  S  A  V  N  V  L  V  L  K  E  L  F  M
O  L  O  H  B  W  F  H  S  K  S  L  U  N  C  E
B  O  T  A  N  I  K  A  B  Ř  E  Č  Ť  A  N  W
S  Z  K  O  Ř  E  N  W  O  O  B  O  V  F  Z  L
Z  A  D  V  G  F  H  G  X  C  B  O  P  N  V  E
T  F  J  P  T  J  R  Z  E  I  L  H  S  I  C  A
W  Y  J  C  U  I  K  L  S  A  I  X  T  J  H  I
```

| | |
|---|---|
| STROM | HNOJIVO |
| BOBULE | KVĚTINA |
| BAMBUS | FLÓRA |
| BOTANIKA | LIST |
| KAKTUS | LES |
| KEŘ | ZAHRADA |
| RŮST | MECH |
| BŘEČŤAN | KOŘEN |
| TRÁVA | SLUNCE |
| FAZOLE | VEGETACE |

# 15 - Spezie

```
P  K  E  N  S  E  Č  M  E  C  I  Ř  O  K  É  L
Ř  K  O  B  R  B  A  J  C  K  R  P  F  A  Z  K
Í  Y  J  R  E  L  U  B  I  C  A  E  K  R  Á  Y
C  S  A  U  I  C  H  G  Ř  V  K  P  N  D  Z  N
H  D  U  N  M  A  T  H  O  E  E  L  H  A  V  E
U  G  O  T  B  M  N  Ý  K  D  A  L  S  M  O  F
Ť  M  J  L  N  U  H  D  S  U  G  L  T  O  R  S
W  S  R  E  D  K  H  O  R  B  F  B  X  N  Y  L
L  K  H  O  O  R  X  U  R  Š  A  F  R  Á  N  Y
Y  M  M  Z  S  U  X  G  A  K  L  I  N  A  V  D
X  K  M  Í  T  K  P  G  K  Z  Ý  N  A  H  O  N
U  Z  R  L  N  Y  F  U  I  M  N  L  T  U  I  I
K  J  T  F  C  V  M  A  R  S  N  W  Z  Y  B  L
H  Z  G  V  M  C  B  L  P  S  Ů  L  P  A  Z  L
S  T  S  D  W  J  F  E  A  M  E  X  T  I  I  U
E  A  L  F  O  I  D  D  P  U  M  Y  F  Y  R  O
```

| | |
|---|---|
| ČESNEK | SLADKÝ |
| HORKÝ | FENYKL |
| ANÝZ | PŘÍCHUŤ |
| SKOŘICE | LÉKOŘICE |
| KARDAMON | PAPRIKA |
| CIBULE | PEPŘ |
| KORIANDR | SŮL |
| KMÍN | VANILKA |
| KURKUMA | ŠAFRÁN |
| KARI | ZÁZVOR |

# 16 - Numeri

```
Z  Š  B  T  C  Á  N  M  D  E  S  F  O  Č  D  O
K  E  P  Ě  Ř  J  I  S  Z  P  L  W  S  T  E  P
D  S  R  P  P  I  R  O  F  A  O  M  M  R  V  A
F  T  A  P  P  Ř  N  Č  T  Y  Ř  I  N  N  A  T
E  N  Y  X  D  T  X  Á  P  R  R  K  Á  Á  T  N
B  Á  K  C  G  L  U  G  C  E  C  X  C  C  E  Á
D  C  G  P  I  N  C  V  P  T  R  T  T  T  N  C
V  T  J  O  I  Z  S  D  P  Y  T  L  O  K  Á  T
A  Ý  N  N  I  T  E  S  E  D  V  N  Š  F  C  T
N  X  N  T  N  E  D  U  Y  S  R  E  S  E  T  K
Á  N  U  K  R  C  M  A  T  E  E  R  Y  H  S  F
C  P  L  Y  Z  A  D  E  V  Ě  T  T  L  N  D  T
T  E  A  P  N  V  P  C  I  O  C  W  V  V  V  M
V  N  D  A  F  D  O  P  D  B  G  C  A  P  A  F
L  C  L  Y  C  E  B  A  Y  M  A  F  X  X  A  L
S  G  F  X  M  V  F  G  R  E  R  D  D  O  D  N
```

| | |
|---|---|
| PĚT | ČTRNÁCT |
| DESETINNÝ | ČTYŘI |
| DEVATENÁCT | PATNÁCT |
| SEDMNÁCT | ŠESTNÁCT |
| OSMNÁCT | ŠEST |
| DESET | SEDM |
| DVANÁCT | TŘI |
| DVA | TŘINÁCT |
| DEVĚT | DVACET |
| OSM | NULA |

# 17 - Cioccolato

```
H K A F J R K D K Z D X M A R R
C O A S K P O U A F G K I R H G
T B R K U C K E L E M A R A K K
A E E K A S O K O X B T T J W R
A B Z N Ý O S E R R E C E P T O
I J X F D A V S I I B M W O T L
H F K É Ě U X O E Y G W É V X X
R K C A N T I O X I D A N T Z M
B U S R Ů D I Ý N E B Í L B O P
I S V M V B O J W G T L S A F R
X O D H Y Ť U H C M W Y E R X Á
P Ř Í S A D A X A Z J T M A U Š
K V A L I T A N B L F W E Š N E
B O N B Ó N Y B K C D Y Ř Í B K
E X O T I C K Ý K D A L S D Z D
U G I T R A S Z J A H O U Y F S
```

| | |
|---|---|
| HORKÝ | SLADKÝ |
| ANTIOXIDANT | EXOTICKÝ |
| ARAŠÍDY | CHUŤ |
| VŮNĚ | PŘÍSADA |
| ŘEMESLNÉ | KOKOS |
| KAKAO | PRÁŠEK |
| KALORIE | OBLÍBENÝ |
| BONBÓN | KVALITA |
| KARAMEL | RECEPT |
| LAHODNÉ | CUKR |

# 18 - Guida

```
O  H  R  M  Z  P  E  Y  W  X  A  O  K  M  P  B
T  L  Y  M  F  C  X  A  D  O  H  E  N  O  A  E
B  F  C  E  H  Z  S  U  B  O  T  U  A  T  S  I
L  F  H  Z  C  O  Y  T  Y  L  M  G  P  O  V  U
G  D  L  C  B  M  C  O  M  Z  N  X  A  R  U  Y
S  L  O  W  I  K  O  E  L  B  L  T  M  R  G  S
L  I  S  B  L  W  K  I  C  W  W  Z  D  T  Á  P
B  I  T  Z  W  H  E  C  I  N  L  I  S  Z  R  Ž
R  W  C  K  V  D  P  I  M  K  N  D  S  C  I  P
Z  U  Y  E  M  D  G  L  K  Y  C  O  T  O  M  Ě
D  K  L  H  N  T  S  O  N  Č  E  P  Z  E  B  Š
Y  A  P  H  Y  C  G  P  V  X  U  R  O  F  Z  Í
N  H  R  K  L  Z  E  J  E  I  C  A  V  A  H  D
G  O  R  B  P  T  U  N  E  L  L  V  O  B  A  G
N  E  B  E  Z  P  E  Č  Í  E  I  A  R  L  O  R
B  L  A  H  I  O  E  E  X  R  C  H  P  Z  A  S
```

| | |
|---|---|
| AUTO | MOTOR |
| AUTOBUS | PĚŠÍ |
| PALIVO | NEBEZPEČÍ |
| BRZDY | POLICIE |
| GARÁŽ | BEZPEČNOST |
| PLYN | SILNICE |
| NEHODA | PROVOZ |
| LICENCE | DOPRAVA |
| MAPA | TUNEL |
| MOTOCYKL | RYCHLOST |

# 19 - I Media

```
Y V X H K L V I F C Í Í A V N P
T I Y L N R E T I J N N V U H R
O N W I N V Ř E N D L Á T J F Ů
N T E U Y V E L A O Á V Z W S M
L E T D S Y J E N Y T Á F O Y Y
I L Y J I H N V C T I L E D R S
N E F Z Z C Ý I O I G Ě K X N L
E K C R J R E Z V C I D J D X X
Z T M A D S A E Á E D Z Ť Í S K
I U T R K F J M N N O V I N Y P
E Á T I S I M W Í I W F E Č T E
H L C M X Y N B H D H A J R B X
F N F O T K Y U P E T K E E T V
B Í R Á D I O U M J P T U M P U
P O S T O J E B V O P A H O X C
U X D Y M Í S T N Í K A K K F U
```

POSTOJE
KOMERČNÍ
KOMUNIKACE
DIGITÁLNÍ
EDICE
VZDĚLÁVÁNÍ
FAKTA
FINANCOVÁNÍ
FOTKY
NOVINY

JEDINEC
PRŮMYSL
INTELEKTUÁLNÍ
MÍSTNÍ
ONLINE
NÁZOR
VEŘEJNÝ
RÁDIO
SÍŤ
TELEVIZE

# 20 - Forza e Gravità

```
F  W  L  V  D  X  B  Y  B  Y  H  O  P  K  J  F
Y  V  T  E  L  Y  X  F  N  B  C  B  A  X  H  Y
Z  Z  V  J  P  A  N  X  U  T  K  Í  N  E  Ř  T
I  D  O  B  U  K  S  A  Č  D  J  H  H  Í  B  E
K  Á  D  O  T  P  M  T  M  Y  S  A  J  N  S  N
A  L  H  O  S  A  A  M  N  I  P  T  F  L  C  A
Y  E  I  U  O  Z  G  X  E  O  C  Y  A  Á  L  L
W  N  K  B  L  H  N  U  D  C  S  K  D  Z  R  P
C  O  F  S  H  Y  E  J  O  C  H  T  Ý  R  P  W
E  S  M  L  C  V  T  Y  P  J  V  A  I  E  D  C
N  T  P  N  Y  P  I  K  A  L  T  U  N  V  O  H
T  P  O  R  R  V  S  K  D  M  G  Y  A  I  T  C
R  J  A  F  W  K  M  S  N  E  B  G  P  N  K  L
U  O  U  J  U  R  U  D  M  N  A  R  U  U  Y  A
M  T  I  H  L  K  S  H  M  O  T  N  O  S  T  I
E  X  P  A  N  Z  E  H  L  T  A  W  V  J  Y  M
```

| | |
|---|---|
| OSA | POHYB |
| TŘENÍ | OBÍHAT |
| CENTRUM | HMOTNOST |
| DYNAMICKÝ | PLANETY |
| VZDÁLENOST | TLAK |
| EXPANZE | VLASTNOSTI |
| FYZIKA | OBJEV |
| DOPAD | ČAS |
| MAGNETISMUS | UNIVERZÁLNÍ |
| MECHANIKA | RYCHLOST |

# 21 - Caffè

```
B K M K A H V X A C Z R K P C X
O K W G O D N H Z P I H E Ř E B
D L Y A N N X Y Ý K R O H Í N T
O D R Ů D A N I L A P A K C A D
V M R B S A E G E N R E P H B R
Ů B L O W L C J S X N X F U O R
P Y R É S B C O Y K I O M Ť P C
E F Z Č K I R U K P F X N B E F
P M A G E O J O P Á N V K J I B
Í D J C P R A S U J R Ů O G T V
T V M V O Á N U U S Y N F J H V
T A X W J H N Á C E I Ě E L S E
V O D A W O D L L A X T I G M O
O N R J D P V N K Y S M N M W S
R Á K R É M H U Y P E K M E N B
X R F I L T R K U C V L H J U G
```

KYSELÝ          MLÉKO
VODA            KAPALINA
HORKÝ           BROUSIT
VŮNĚ            RÁNO
PÍT             ČERNÁ
NÁPOJ           PŮVOD
KOFEIN          CENA
KRÉM            POHÁR
FILTR           ODRŮDA
PŘÍCHUŤ         CUKR

# 22 - Uccelli

```
X  A  H  T  D  P  D  S  W  I  S  D  J  O  G  N
O  P  V  O  U  T  K  F  J  V  W  A  A  S  U  P
W  J  E  R  L  Č  T  H  O  L  U  B  I  C  E  W
A  S  C  O  A  U  Ň  J  Z  U  X  Z  G  M  R  W
E  I  D  I  P  D  B  Á  H  U  K  D  P  P  H  Z
V  H  N  C  R  E  F  O  K  H  F  D  G  K  M  E
A  E  A  Á  P  I  U  A  J  U  K  G  T  T  T  N
O  P  K  O  K  M  R  J  K  S  D  V  A  Y  P  V
R  A  U  R  K  I  A  K  V  A  L  O  V  C  P  B
E  P  T  O  N  F  L  K  K  L  B  C  D  Y  Š  C
L  O  M  V  R  A  B  E  C  Č  Á  P  J  B  T  K
P  U  P  C  S  O  J  Y  P  V  E  J  C  E  R  A
Á  Š  K  U  K  A  Č  K  A  L  A  B  U  Ť  O  C
V  E  P  L  A  M  E  Ň  Á  K  T  S  X  U  S  H
O  K  K  U  Ř  E  R  A  C  E  K  K  E  S  X  N
I  Z  D  L  E  Z  L  V  A  A  G  Z  D  H  E  A
```

| | |
|---|---|
| VOLAVKA | PAPOUŠEK |
| KACHNA | VRABEC |
| OREL | PÁV |
| ČÁP | PELIKÁN |
| LABUŤ | HOLUB |
| HOLUBICE | TUČŇÁK |
| KUKAČKA | KUŘE |
| PLAMEŇÁK | PŠTROS |
| RACEK | TUKAN |
| HUSA | VEJCE |

# 23 - Giorni e Mesi

```
S I A X W P Č B C K B R K N Ř P
A T O B O S E Č T A C X J M Í R
H E Ř G P O R E T L G X Y V J O
I Y J E K F V R Ý E B B F I E S
Z H A G D L E V D N K U R A N I
L T E C C A N E E D E Z U Z X N
T E P M C M E N N Á T B O U V E
K D D C C S C D E Ř N E U V M C
J D A E Ú T E R Ý J C N X D G J
O B P Y N P S R P E N E G K N X
L O O H R O N Ú B S C D H K P W
K G T S H N M Ě S Í C Ě L O V L
Y R S I N D S Z B R P L A V B E
H V I B W Ě R Y R O K E T Á P U
D B L B D L R G L K R I G M R O
S X J T G Í Ř Á Z X A K M B F Z
```

SRPEN
ROK
DUBEN
KALENDÁŘ
PROSINEC
NEDĚLE
ÚNOR
LEDEN
ČERVEN
ČERVENEC

PONDĚLÍ
ÚTERÝ
STŘEDA
MĚSÍC
LISTOPAD
ŘÍJEN
SOBOTA
ZÁŘÍ
TÝDEN
PÁTEK

# 24 - Casa

```
O H N I B K T T N P O R T S Z M
L K K N I H O V N A O V H C C J
D S N X H K L C O H K D Y F T N
A C H O Z A P E P C U S L E Z K
C H E K Z U K R F R C T U A V T
R K Ř D A G V E P P H Ř S P H M
Z W E V H V B B C S Y E J M H A
L Í V O R K D O P N N C Y A A N
P B D X A N K K K S Ě H C L T Ě
W O L U D D C V S W T A P J A T
F T K T A R Z J T B Š V E A C S
N L F O V M Z B W Z O R B V S D
E R B R J G A R Á Ž K T J N Z N
H X L C H E X K E T U O H O K G
N F W X R M H A V M P I B P F B
H L R Š V T N H G A J W H D K D
```

| | |
|---|---|
| PODKROVÍ | STĚNA |
| KNIHOVNA | PODLAHA |
| POKOJ | DVEŘE |
| KRB | PLOT |
| KUCHYNĚ | KOHOUTEK |
| SPRCHA | KOŠTĚ |
| OKNO | STROP |
| GARÁŽ | ZRCADLO |
| ZAHRADA | KOBEREC |
| LAMPA | STŘECHA |

# 25 - Ristorante #1

```
J A D I U L A E Ř U K Á V A A I
M H Y J C D I Ž Ů N N X L S L N
N I P T D P U P G E I J C Í E G
H A X T K K A B E M G C L M R R
H Y G D Y O I É C M E P M E G E
X I E E P O K L A D N Í A K I D
J M K Z Z L X H V G O X S N E I
K V Z E A D Y C R F R M O Z K E
E U E R O Í T W E G S D Á M I N
S W C T B J A B Z J B B L Č U C
U G I H P T J A E J Í S T O K E
O F N H Y Y A P R N I Y U M G A
R L Š M F N J L V N B K W X Z P
B J Í P C Y Ě T Í L U A T F K W
U V Č P M V N I Y Ř E N V T Y Z
P I K A N T N Í J O N E M J K H
```

ALERGIE
KÁVA
ČÍŠNICE
MASO
POKLADNÍ
JÍDLO
MÍSA
NŮŽ
KUCHYNĚ
DEZERT

INGREDIENCE
JÍST
MENU
CHLÉB
TALÍŘ
PIKANTNÍ
KUŘE
REZERVACE
OMÁČKA
UBROUSEK

# 26 - Fantascienza

```
T A I M E C L E Y Z T S U H D G
H A Z P X X A C W M E B T C Y P
Y É J G A S C F Y X N M J G S O
O X V E W H Ý V O M O T A F T A
Y T U I M U R Ě H K W A O Í O A
G R K P Y N S Š X X W G N P A A
I É E O D M Ý T Y T O B O R I Z
L M P T K T Ň E H O T Z E Á E K
U N J U P Ý K C I T S A T N A F
Z Í E I G O L O N H C E T I C D
E I X A L A G K K X L J R G N R
P L A N E T A C F C K O H A N F
R F U T U R I S T I C K Ý M O P
V Ý B U C H S V Ě T F H H I P P
R E A L I S T I C K Ý K S N C X
P J E C L G R A S V R H Y H J D
```

| | |
|---|---|
| ATOMOVÝ | IMAGINÁRNÍ |
| KINO | KNIHY |
| DYSTOPIE | TAJEMNÝ |
| VÝBUCH | SVĚT |
| EXTRÉMNÍ | VĚŠTEC |
| FANTASTICKÝ | PLANETA |
| OHEŇ | REALISTICKÝ |
| FUTURISTICKÝ | ROBOTY |
| GALAXIE | TECHNOLOGIE |
| ILUZE | UTOPIE |

# 27 - Città

```
S U P E R M A R K E T V G K T S
N R Z G Z U D N V I B Z C N O T
N U I Y U Ě F F Š K O L A I C A
T D I X K T Z N Z D C H T H I D
J Z L R U Š R J N P O N I K L I
D E X P C I R T I M U E Z U M Ó
H I K V Ě T I N Á Ř L R R P W N
V R V J O E X Z U Z K A E E L R
T E K A A L E T O H R L V C H P
Z L U N D O B C H O D P I T O T
L A B E I L Y J R G N E N V B Y
E G A A E H O I T Z X K U Í W N
C Z A Z N U O N J K G Á M T X R
G X D K F K Z V Z A N R Á K É L
Y D I J N T A S N U S N V W O L
K L I N I K A C P A D A A U H P
```

LETIŠTĚ
BANKA
KNIHOVNA
KINO
KLINIKA
LÉKÁRNA
KVĚTINÁŘ
GALERIE
HOTEL
KNIHKUPECTVÍ

TRH
MUZEUM
OBCHOD
PEKÁRNA
ŠKOLA
STADIÓN
SUPERMARKET
DIVADLO
UNIVERZITA
ZOO

# 28 - Fattoria #1

```
U  S  J  L  Z  G  R  K  F  J  G  K  L  W  C  P
M  S  T  T  E  Ř  U  K  F  T  T  H  O  U  U  R
T  E  Z  W  M  K  R  Á  V  A  D  O  V  Z  Y  A
S  C  D  S  Ě  I  L  V  G  B  A  G  N  A  A  S
S  J  K  E  D  N  J  P  S  E  N  O  E  X  G  E
R  A  Ů  M  Ě  H  N  O  J  I  V  O  E  S  D  C
S  R  Ň  E  L  E  S  O  L  C  A  R  N  P  I  C
P  X  C  N  S  S  T  Á  D  O  U  Ý  O  O  Z  H
V  O  C  A  T  O  L  P  Y  D  T  Ž  S  L  P  Z
G  Č  L  Y  V  V  G  Y  C  M  T  E  L  E  T  N
X  Z  E  R  Í  T  S  G  A  G  F  L  R  P  C  P
F  E  V  L  K  L  B  D  H  T  I  D  H  K  R  E
V  P  X  D  A  Z  R  K  O  Č  K  A  N  N  W  S
E  M  K  D  Z  E  C  U  M  Y  X  H  X  H  C  K
H  O  Z  G  C  Z  S  R  R  G  Y  X  D  D  G  I
L  E  X  J  R  F  K  R  Y  N  L  K  T  U  M  H
```

| | |
|---|---|
| VODA | KOČKA |
| ZEMĚDĚLSTVÍ | STÁDO |
| VČELA | PRASE |
| OSEL | MED |
| POLE | KRÁVA |
| PES | KUŘE |
| KOZA | PLOT |
| KŮŇ | RÝŽE |
| HNOJIVO | SEMENA |
| SENO | TELE |

# 29 - Psicologia

```
N  F  C  T  F  Y  Y  K  J  C  V  M  Ý  Ú  Í  I
X  N  B  V  J  J  F  L  M  V  N  Í  M  Á  N  Í
M  W  K  K  K  S  C  I  E  V  F  V  O  P  E  O
É  F  H  J  P  V  N  N  N  S  B  T  D  A  Z  S
L  P  Z  Z  R  B  G  I  O  T  O  Š  Ě  S  U  O
B  W  L  L  K  Z  Z  C  V  K  I  T  V  D  O  B
O  O  Y  Z  N  U  R  K  Á  I  P  Ě  E  G  S  N
R  G  M  K  Y  D  Š  Ý  N  L  H  D  N  P  O  O
P  E  P  Y  H  C  R  E  Í  F  T  I  C  O  P  S
S  C  A  W  Š  Y  F  A  N  N  V  C  T  Z  S  T
N  O  E  L  D  L  Y  L  O  O  Z  E  Y  N  D  F
E  M  B  U  I  X  E  I  U  K  S  X  D  Á  X  U
O  E  E  J  K  T  C  N  E  X  U  T  Z  N  W  V
L  E  A  E  Y  M  A  Y  K  E  K  R  I  Í  Z  F
P  O  D  V  Ě  D  O  M  Ý  Y  D  A  P  Á  N  B
C  H  O  V  Á  N  Í  T  E  R  A  P  I  E  V  J
```

| | |
|---|---|
| JMENOVÁNÍ | DĚTSTVÍ |
| KLINICKÝ | MYŠLENKY |
| POZNÁNÍ | VNÍMÁNÍ |
| CHOVÁNÍ | OSOBNOST |
| KONFLIKT | PROBLÉM |
| EGO | REALITA |
| EMOCE | POCIT |
| ZKUŠENOSTI | PODVĚDOMÝ |
| NÁPADY | TERAPIE |
| NEVĚDOMÝ | POSOUZENÍ |

# 30 - Paesaggi

```
G B F P E E V D X S H J I P F V
S E L U F O O Y U L Z W Z F V O
S F J O C E Á N B B A Ž I N A D
N I O Z R Y W U R R T K C L R O
O Y Y R Í D G D H I H W E X E P
J B J V O R T S O O L O P Ř H Á
E S W E S O P K A J T V O O L D
S P A P Z Ú D O L Í A G K M H U
K G C P L E T O J P O U Š Ť J W
Y E E Ř O M R X P E J P M A U X
N Z V O R T S O U H N L B L U K
Ě X O Á Z A R D N U T Á U S A C
D I D T K U G V G Y J Ž H W B I
F T E H K W L K I L W R M J D A
R A L O X H E I T U L V B T T X
A N A O G W M Z L C S Y H T H L
```

VODOPÁD      MOŘE
KOPEC      HORA
POUŠŤ      OÁZA
DUNY      OCEÁN
ŘEKA      BAŽINA
GEJZÍR      POLOOSTROV
LEDOVEC      PLÁŽ
JESKYNĚ      TUNDRA
OSTROV      ÚDOLÍ
JEZERO      SOPKA

# 31 - Energia

```
N A R O T O M Z I A J E K G P C
W O X B W O A X P B O L T A Z X
L J Z N O R T K E L E E U M I P
K L O O Í C F N S U S K R W C E
L M Z V V Z A D L W Z T B O G A
L B G I I M N S C F P R Í S D H
Í N Ě T Š I Č E N Z Á I N D J B
J T V E R X L V B F R C A W S A
U E N L S Y M Ů R P A K G D L T
A P U N D O Z C J S K Ý W D U E
Z L E Ý V O F K P A L I V O N R
U O F O T O N J A D E R N Ý C I
T H E N T R O P I E S J C G E E
O C L K K E T I X K D E W R E H
U Y D Í V G P Í U G R D D P G W
F H X K K Í D O V E I R V M B O
```

BATERIE
BENZÍN
TEPLO
UHLÍK
PALIVO
NAFTA
ELEKTRICKÝ
ELEKTRON
ENTROPIE
FOTON

VODÍK
PRŮMYSL
ZNEČIŠTĚNÍ
MOTOR
JADERNÝ
OBNOVITELNÝ
SLUNCE
TURBÍNA
PÁRA
VÍTR

# 32 - Ristorante #2

```
V F H U T P Z B D K Í N Š Í Č P
W K G G N V E J C E N Á O R Y O
I U G W U F K T G W E P P V U L
É N D O H A L O U L Ř O M I C É
K U Y B Ž B F R V R O J A W T V
A V M Ě B I Y M X O K O Z Z N K
A B H D M P D N R W C E Y Y D A
G M B E A T Á L A S C E F R C N
U X X L T H D R E Z Y Ř L J I I
V I D L I Č K A Y Y R E I K V N
F N Y Ů A A A D L B R Č S N N E
W E R S L Ž Í C E R A E M V Y L
K H P Ř E D K R M Y D V Y Y Z E
J S N R A O Z V S T O I P N C Z
D V S D O R T H E O V O B M R Z
P M C W L O U A O V Y N K R T Z
```

VODA

PŘEDKRM

NÁPOJ

ČÍŠNÍK

VEČEŘE

LŽÍCE

LAHODNÉ

VIDLIČKA

OVOCE

LED

SALÁT

POLÉVKA

RYBA

OBĚD

SŮL

ŽIDLE

KOŘENÍ

DORT

VEJCE

ZELENINA

# 33 - Moda

```
T R E N D B R Z P M B Í K S T J
S O F I S T I K O V A N Ý K E P
X Z P E G X D I T M K E N R X J
P V G A H Z R W O S J Ř M O T O
V O N C R P A L R W A Ě E M U Z
Ý M H R Í T H E I V R M D N R H
Š M B O N V Ý L V E K M B Ý A M
I G J W D D Ý H C U D O N D E J
V D W U O L N Z R U L D A Z S X
K F R W V X N Í N E Č E L B O D
A B G L Ů W O Ý T G K R G E P J
A H Y W P S X B P H Z N S T Y L
T K A N I N A U C Z R Í E B C V
E Y U E H Í N T N A G E L E C E
X L U N F F O I T L A Č Í T K A
J E S Z W K Ý K C I T K A R P G
```

OBLEČENÍ
BUTIK
DRAHÝ
POHODLNÝ
ELEGANTNÍ
MĚŘENÍ
VZOR
MODERNÍ
SKROMNÝ
PŮVODNÍ

KRAJKA
PRAKTICKÝ
TLAČÍTKA
VÝŠIVKA
JEDNODUCHÝ
SOFISTIKOVANÝ
STYL
TREND
TKANINA
TEXTURA

# 34 - L'Azienda

```
P  I  C  U  F  I  M  P  A  O  Z  D  R  O  J  E
R  M  B  Í  J  I  S  R  G  L  O  B  Á  L  N  Í
O  U  T  N  C  V  Z  Ů  T  X  S  F  F  N  F  F
D  L  J  Č  W  G  X  M  T  D  I  J  B  H  L  M
U  M  K  A  H  B  G  Y  D  Z  M  K  Z  Z  F  O
K  P  O  V  Ě  S  T  S  T  V  O  Ř  I  V  Ý  Ž
T  A  R  O  K  M  W  L  S  E  F  V  Z  I  X  N
E  E  K  N  R  O  Z  H  O  D  N  U  T  Í  B  O
C  R  O  I  A  E  U  V  N  N  R  Z  D  R  Y  S
I  O  P  X  Z  S  F  Z  Ý  R  R  P  Y  G  K  T
T  E  Z  A  T  I  L  A  V  K  A  J  M  J  T  D
S  R  W  D  R  Y  R  E  Y  W  E  L  A  F  O  R
E  L  E  P  R  O  F  E  S  I  O  N  Á  L  N  Í
V  H  Í  N  Á  N  T  S  Ě  M  A  Z  W  X  D  S
N  D  P  L  D  P  R  E  Z  E  N  T  A  C  E  P
I  E  U  P  J  Y  O  N  N  D  W  N  L  N  J  B
```

| | |
|---|---|
| TVOŘIVÝ | PROFESIONÁLNÍ |
| ROZHODNUTÍ | POKROK |
| GLOBÁLNÍ | KVALITA |
| PRŮMYSL | VÝNOS |
| INOVAČNÍ | POVĚST |
| INVESTICE | RIZIKA |
| ZAMĚSTNÁNÍ | ZDROJE |
| MOŽNOST | MZDY |
| PREZENTACE | TRENDY |
| PRODUKT | JEDNOTKY |

# 35 - Giardino

```
Z  S  F  P  I  K  V  O  A  Y  L  G  R  B  R  W
B  J  R  W  M  M  E  R  A  A  D  A  R  H  A  Z
Ť  R  Á  V  N  Í  K  Ř  G  Y  A  R  X  X  P  B
L  O  P  A  T  A  J  S  T  V  S  Á  K  X  N  U
P  Ů  D  A  K  V  Ě  T  I  N  A  Ž  F  J  H  X
P  H  A  D  I  C  E  R  J  K  Í  N  B  Y  R  S
V  L  H  O  U  P  A  C  Í  S  Í  T  C  R  Á  L
Í  R  E  R  V  F  P  O  C  K  J  P  W  J  B  A
N  H  Y  V  A  N  Í  L  O  P  M  A  R  T  Ě  V
O  P  O  V  E  F  Z  E  O  T  E  R  A  S  A  I
T  R  Á  V  A  L  M  O  R  T  S  I  R  E  Y  C
S  B  J  X  B  K  J  R  W  S  R  V  C  U  N  E
P  M  R  M  G  K  I  Z  E  Y  L  U  C  T  M  R
A  E  J  Z  M  L  Y  R  U  L  C  G  E  V  I  J
N  L  R  X  Z  I  O  C  O  X  B  O  I  M  M  O
D  K  N  W  Z  T  T  J  H  W  L  N  L  P  L  A
```

| | |
|---|---|
| STROM | LAVICE |
| HOUPACÍ SÍT | TRÁVNÍK |
| KEŘ | HRÁBĚ |
| TRÁVA | PLOT |
| PLEVEL | RYBNÍK |
| KVĚTINA | PŮDA |
| SAD | TERASA |
| GARÁŽ | TRAMPOLÍNA |
| ZAHRADA | HADICE |
| LOPATA | VÍNO |

# 36 - Riscaldamento Globale

```
P O P U L A C E X Z R B X I K T
N Y P C D E B E B Z E M A F P E
L K S I I C E I N E F L K N E P
V E D E V B C T H D F Y O D J L
S C G A M I L K X C I N Y Ů P O
H A H I T S O N R O Z O P S E T
W R L J S A D Á L V B G B L N Y
Ď E T E E L R K B E V M U E E P
A N P L Y N A O R L A H D D R R
S E J H O Y Y T Z U Z D O K G Ů
E G J T L X D D I V C E U Y I M
A R K T I C K Ý D V O N C V E Y
S T A N O V I Š T Ě A J N Ě W S
M E Z I N Á R O D N Í Z O D F L
S K R I Z E H M O V C S S E L K
T D T L W P R F K F T W T C N X
```

ARKTICKÝ
POZORNOST
KLIMA
DŮSLEDKY
KRIZE
DATA
ENERGIE
BUDOUCNOST
PLYN
GENERACE

VLÁDA
STANOVIŠTĚ
PRŮMYSL
MEZINÁRODNÍ
LEGISLATIVA
TEĎ
POPULACE
VĚDEC
ROZVOJ
TEPLOTY

# 37 - Frutta

```
Š  M  L  U  F  A  R  B  G  K  X  M  B  P  E  X
W  V  E  O  R  A  N  Ž  O  V  Ý  A  R  A  C  N
W  Y  E  L  T  O  A  E  Y  O  D  L  O  P  B  E
C  P  O  S  O  D  Á  K  O  V  A  I  S  Á  A  K
U  C  P  P  T  U  N  Ť  A  E  N  K  J  N  T
K  C  I  W  I  K  N  A  E  M  N  A  E  A  Á  A
N  S  Y  T  W  B  A  K  Š  U  R  H  V  I  N  R
V  S  H  S  R  Z  I  Ň  E  B  O  B  U  L  E  I
P  A  O  B  J  O  L  U  Ř  W  U  E  B  Z  Z  N
H  O  Y  H  G  K  N  R  T  E  D  F  W  D  O  K
V  Z  M  F  S  L  M  E  X  E  C  T  H  G  R  A
K  V  A  A  N  B  U  M  N  N  Y  Y  S  I  H  U
S  A  N  A  N  A  N  I  Ž  U  R  T  S  O  D  X
H  K  G  S  O  J  E  F  C  Z  R  T  O  R  V  Y
Y  U  O  M  I  W  G  Y  I  C  P  T  J  N  O  R
P  A  F  V  L  B  G  D  E  G  D  P  N  U  F  K
```

| | |
|---|---|
| MERUŇKA | MANGO |
| ANANAS | JABLKO |
| ORANŽOVÝ | MELOUN |
| AVOKÁDO | OSTRUŽINA |
| BOBULE | NEKTARINKA |
| BANÁN | PAPÁJA |
| TŘEŠEŇ | HRUŠKA |
| KIWI | BROSKEV |
| MALINA | ŠVESTKA |
| CITRON | HROZEN |

# 38 - Fattoria #2

```
S V H U O U T H U F F J T Z Y R
B T J A A G Z V Í Ř A T A A U G
G P O O V C E F P X N E G V H S
S C K D A S B V F M C R N L I R
O D É N O N A G H Ř Ý T S A P A
O U L Ú E L M H U S Y M J Ž I B
O N M G A J A N H C A K Í O Z S
Z E M Ě D Ě L E C X K E D V S N
C J C X E Z C M L Y U L L Á H S
L C E O C X K Č Z V O L O N F E
E N A H V G C E N L L Y H Í H S
T P A J N O X J K U K U Ř I C E
S P U M H Ě D L I J J P T D A M
R O M I V F Č O V I A W J W W R
P Š E N I C E Í M L T I E G Z B
Y T R A K T O R S F F K Z K N J
```

| | |
|---|---|
| JEHNĚČÍ | ZAVLAŽOVÁNÍ |
| ZEMĚDĚLEC | LAMA |
| ÚL | MLÉKO |
| KACHNA | KUKUŘICE |
| ZVÍŘATA | HUSY |
| JÍDLO | JEČMEN |
| STODOLA | PASTÝŘ |
| OVOCE | OVCE |
| SAD | LOUKA |
| PŠENICE | TRAKTOR |

# 39 - Verdure

```
L Z S G C G O Y F C Z B R N U Š
A O S E E Č J A R S L R P W J A
C U Y A L W V H P Č E S N E K L
W I A W E K V X D U W R O U G O
B T B X R T U Ř Í N G B O K H T
O F U U E Š D Ý N Ě S R K J I K
V Z O H L T P M P Y D O U G N A
B Z H R E E P E B K Y K R H E K
I Á B S Ž N Z J N D W O K O J D
Ř Z K C R V X H A Á E L A K Z B
E V Z T T D K W R T T I E L L R
D O C S E Y U M W Á R C H L D A
K R O W P M C O M L Š E F I O M
E T M M R K E V N A K E L I L B
V A R T Y Č O K B S G L K X L O
X R Y S I E P V L D K L K T L R
```

ČESNEK          HRÁŠEK
BROKOLICE       RAJČE
ARTYČOK         PETRŽEL
MRKEV           TUŘÍN
OKURKA          ŘEDKEV
CIBULE          ŠALOTKA
HOUBA           CELER
SALÁT           ŠPENÁT
LILEK           ZÁZVOR
BRAMBOR         DÝNĚ

# 40 - Musica

```
B K P P Y T H U B S X A B H B Z
W T C D K F T U S E K L A U U U
N A H R Á V K A D L W B L D M X
F V R Y T M U S Y E T U A E E S
E Í G E X N J R P O B M D B L K
D P Z P Ě V Á K Y L V N A N O L
Ý Z Ý V O S A L H T E J Í Í D Y
K K K Z M Z A X X E M T P K I R
C A C N J M U P H E V I C W E I
I Z I I U L K I X U Y K C Z Z C
S F T C N É R F E R W J Z K E K
A R E P O O H A R M O N I E Ý Ý
L G O B I M M M I K R O F O N I
K C P N Á S T R O J V C C L A
R C P H M T X U A H G A I B A Y
P L P M W Y R O C H N Z C E P C
```

ALBUM
HARMONIE
HARMONICKÝ
BALADA
ZPĚVÁK
ZPÍVAT
KLASICKÝ
REFRÉN
LYRICKÝ
MELODIE

MIKROFON
HUDEBNÍ
HUDEBNÍK
OPERA
POETICKÝ
NAHRÁVKA
RYTMICKÝ
RYTMUS
NÁSTROJ
HLASOVÝ

# 41 - Barbecue

```
C T Z B I H S U E S T H M L H Z
W Y P E P Ř Ů U D I A B O T É L
K U Ř E L C L R J Z N L K R H U
H H G D E U G R V V I K Á V K W
P U R E V R B W U E D T P T T Ý
O D Ě B O V H I E Č O J M T Y C
Z B P Y S Z N H C E R X N A X R
V A S F N K L H J Ř B O L X E A
Á K Y B Z R W L T E R A L I O J
N Č I Y B L Y U M J R G R I L Č
Í Á K J Í D L O O V O C E O E A
X M A H A A R E F Y Y K A J W T
N O Ž E W L Z H R Y S M Y F X A
D K F F K H P A Y E I J L P S L
X J T W U B C D T Y U L Y K J Y
J I N L G T U X T V O N S E L C
```

HORKÝ
VEČEŘE
JÍDLO
CIBULE
NOŽE
LÉTO
HLAD
RODINA
OVOCE
HRY

GRIL
SALÁTY
POZVÁNÍ
HUDBA
PEPŘ
KUŘE
RAJČATA
OBĚD
SŮL
OMÁČKA

# 42 - Fisica

```
H I Z M E C H A N I K A G L T F
K Z M R B F H H W L Y P L Y N R
J L U O Y J R M L S V E D H X E
D U O T E C A T I V A R G T I K
T B M O K D H X Y D S M D S V V
K D H M S T U L C T M O Z O V E
L K V Z H P N N E D C L A L J N
C C C N M L K Y E N T E A H H C
K R D N C D B F R B Í K T C C E
L Ý V Z O R E C B X B U O Y C Z
U N I V E R Z Á L N Í L M R T N
O R T H E A T I V I T A L E R A
O E W B E V Ý K C I M E H C I P
X D S U M S I T E N G A M D C X
A A T O T S U H A L Z L T J W E
D J Č Á S T I C E W E I C D L O
```

| | |
|---|---|
| ZRYCHLENÍ | GRAVITACE |
| ATOM | MAGNETISMUS |
| CHAOS | MECHANIKA |
| CHEMICKÝ | MOLEKULA |
| HUSTOTA | MOTOR |
| ELEKTRON | JADERNÝ |
| EXPANZE | ČÁSTICE |
| VZOREC | RELATIVITA |
| FREKVENCE | UNIVERZÁLNÍ |
| PLYN | RYCHLOST |

# 43 - Agronomia

```
N A Z V P W E I G R E N E W M U
Í J R P W J R V E N K O V S K Ý
N E M O C I O L D Í J M N O W C
Ě I V G P V Z E K O L O G I E A
T S Ů R Ů Z E C S T U D O V A T
Š T W E D E U A V C G Z V X O J
I D S Y A I O K D F V E Ý H W F
Č O H L W F R I S Ě C M R H H D
E J L G Z S G F E W V Ě O N D K
N A V O D A A I H G S D B O A L
Z S H F R N N T E A V Ě A J V I
S E M E N A I N O R S L E I P P
V Ý Z K U M C E B F T S I V J X
K W N I I I K D H O A T F O H A
C E Y I M L Ý I U O H V C T U L
S Y S T É M Y C D Z K Í W O G Z
```

VODA
ZEMĚDĚLSTVÍ
JÍDLO
RŮST
EKOLOGIE
ENERGIE
EROZE
HNOJIVO
IDENTIFIKACE
ZNEČIŠTĚNÍ

NEMOCI
ORGANICKÝ
VÝROBA
VÝZKUM
VENKOVSKÝ
VĚDA
SEMENA
SYSTÉMY
STUDOVAT
PŮDA

# 44 - Erboristeria

```
I  L  K  D  R  M  K  U  R  S  U  D  Z  B  R  Z
W  E  P  H  H  M  A  U  G  E  G  Z  E  A  N  O
P  Ř  Í  S  A  D  A  J  L  N  S  C  L  Z  U  H
I  H  J  E  P  E  B  B  O  I  L  R  E  A  S  T
U  A  B  L  E  N  M  E  X  R  N  G  N  L  L  H
Ý  K  C  I  T  A  M  O  R  A  Á  Á  Á  K  V  C
Z  B  N  Ý  R  A  M  Z  O  R  I  N  Ř  A  R  T
Z  A  O  X  Ž  M  Č  E  S  N  E  K  K  S  L  M
B  U  H  B  E  Á  T  B  S  O  U  B  Z  A  K  V
E  U  D  R  L  T  O  N  A  G  E  R  O  N  Y  É
S  G  T  G  A  A  W  I  M  A  B  F  V  I  N  S
L  P  B  T  V  D  L  U  T  R  P  O  K  T  E  L
J  I  M  W  R  D  A  J  S  T  P  V  P  Ě  F  S
K  V  A  L  I  T  A  N  U  S  V  P  O  V  E  Z
L  E  V  A  N  D  U  L  E  E  E  Z  H  K  D  Y
V  Y  O  G  T  Y  M  I  Á  N  Á  R  F  A  Š  H
```

| | |
|---|---|
| ČESNEK | LEVANDULE |
| KOPR | MAJORÁNKA |
| AROMATICKÝ | MÁTA |
| BAZALKA | OREGANO |
| KULINÁŘSKÉ | PETRŽEL |
| ESTRAGON | KVALITA |
| FENYKL | ROZMARÝN |
| KVĚTINA | TYMIÁN |
| ZAHRADA | ZELENÁ |
| PŘÍSADA | ŠAFRÁN |

# 45 - Biologia

```
F  C  H  R  O  M  O  Z  Ó  M  D  R  C  B  A  I
K  O  Y  R  B  M  E  B  A  K  T  E  R  I  E  A
A  O  T  C  G  E  W  T  J  S  U  K  P  X  C  Y
P  C  L  O  K  K  S  D  T  N  K  M  H  W  X  I
F  Ř  G  A  S  M  O  D  V  A  M  U  T  A  C  E
M  X  Í  Z  G  Y  B  Í  L  K  O  V  I  N  A  A
S  N  O  R  U  E  N  P  P  Ň  K  I  Y  B  Z  F
Y  E  K  B  O  E  N  T  N  U  C  S  N  V  Ó  M
K  I  B  W  M  D  V  M  É  B  E  A  E  X  I  F
B  M  L  D  C  D  N  M  H  Z  V  G  R  S  B  A
H  O  R  M  O  N  B  Í  V  S  A  A  V  Y  M  M
L  T  V  Ý  V  O  J  H  U  N  S  G  C  N  Y  Z
L  A  O  S  M  Ó  Z  A  E  N  Z  Y  M  A  S  U
I  N  S  I  B  W  A  S  G  E  M  O  I  P  C  K
G  A  O  G  U  W  L  O  O  G  W  U  A  S  N  S
B  N  G  I  R  E  P  T  D  Y  T  Y  H  E  H  R
```

| | |
|---|---|
| ANATOMIE | MUTACE |
| BAKTERIE | PŘÍRODNÍ |
| BUŇKA | NERV |
| KOLAGEN | NEURON |
| CHROMOZÓM | HORMON |
| EMBRYO | OSMÓZA |
| ENZYM | BÍLKOVINA |
| VÝVOJ | PLAZ |
| FOTOSYNTÉZA | SYMBIÓZA |
| SAVEC | SYNAPSE |

# 46 - Attività Commerciale

```
E  S  L  E  V  A  S  P  O  L  E  Č  N  O  S  T
B  K  I  Y  Y  E  E  O  M  Y  P  N  A  P  W  R
E  S  O  S  T  H  C  Y  H  T  B  M  C  E  S  R
B  I  Z  N  W  G  N  F  J  F  I  N  H  N  S  O
X  Z  I  T  O  K  A  N  C  E  L  Á  Ř  Í  D  Z
O  E  Y  O  X  M  N  S  J  B  W  P  U  Z  I  P
V  R  D  V  A  P  I  I  J  N  B  T  W  E  Y  O
K  C  N  Á  N  Z  F  E  N  O  B  C  H  O  D  Č
A  S  L  R  G  B  D  U  L  V  X  F  E  S  A  E
R  L  P  N  P  R  O  D  E  J  E  H  U  Z  L  T
I  G  Ř  A  H  R  V  D  D  R  I  S  T  K  K  G
É  K  Í  Ž  O  B  Z  O  K  U  J  M  T  G  Á  E
R  M  J  W  O  D  O  C  A  B  E  L  Ě  I  N  L
A  Y  E  C  K  A  S  N  A  R  T  J  I  N  C  B
F  M  M  Z  A  M  Ě  S  T  N  A  N  E  C  A  E
Z  A  M  Ě  S  T  N  A  V  A  T  E  L  O  T  V
```

| | |
|---|---|
| ROZPOČET | OBCHOD |
| KARIÉRA | ZISK |
| NÁKLADY | PŘÍJEM |
| ZAMĚSTNAVATEL | SLEVA |
| ZAMĚSTNANEC | SPOLEČNOST |
| EKONOMIE | PENÍZE |
| TOVÁRNA | TRANSAKCE |
| FINANCE | KANCELÁŘ |
| INVESTICE | MĚNA |
| ZBOŽÍ | PRODEJ |

# 47 - Fiori

```
D D M E G J J M B P H G V O H I
J N I H J T R A A R K A N Z L B
D P A E X U O D S G L O Á D G I
K Y T I C E Ž Ů R M N V P H E Š
S L U N E Č N I C E Í Ó I D W E
Z A L I L I E Z Š C X N L I D K
A K S Á R K I M D E S K U I I S
N Š V Z Y H M D Y Z Ř T T C E B
S I C R A N Á T Z T J Í B A V L
H L M S K I K G H P R O K I P I
L E V A N D U L E I N É D R A G
E P C Y E C X K S V R V A E X H
T M W P Č L C Z I O F A B M D O
E A W M U R F W E Ň P K I U O S
J P R I M L W Z A K E Z B L Y E
O R C H I D E J J J A H W W P B V
```

| | |
|---|---|
| PAMPELIŠKA | KYTICE |
| GARDÉNIE | NARCIS |
| JASMÍN | ORCHIDEJ |
| LILIE | MÁK |
| SLUNEČNICE | MUČENKA |
| IBIŠEK | PIVOŇKA |
| LEVANDULE | PLUMERIA |
| ŠEŘÍK | RŮŽE |
| MAGNÓLIE | JETEL |
| SEDMIKRÁSKA | TULIPÁN |

# 48 - Filantropia

```
B Y Y O P R A P C A X E R T G H
I É K B O O T A R M E B W Z S I
Y D E D O G C R G O Y B Z U H S
F I N A N C E T R L G D T S P T
V L M G F I I D I P G R I I H O
K A T I R A H C W V Y G A F J R
J Í V T S N E Č E L O P S M U I
Z K Í J Y E L M L R M S X F Y E
K O N T A K T Y Í Y P I T Ě D V
U V L S O J J C C M L Á D Í N S
K T Á O V Ý Z V Y A B E Ř T O P
A S B R V E Ř E J N Ý K A M F Z
X D O D C S K U P I N Y Z E U C
H I L Ě X P U E N P R F Z S O X
C L G T G L M H U K O N D U B K
C G Y Š Z D K V O F O G A T S C
```

| | |
|---|---|
| DĚTI | SKUPINY |
| POTŘEBA | MISE |
| CHARITA | CÍLE |
| SPOLEČENSTVÍ | POCTIVOST |
| KONTAKTY | LIDÉ |
| FINANCE | PROGRAMY |
| FONDY | VEŘEJNÝ |
| ŠTĚDROST | VÝZVY |
| MLÁDÍ | HISTORIE |
| GLOBÁLNÍ | LIDSTVO |

# 49 - Ecologia

```
V N G F U S W L O H P J S M W G
Y I B X H H K B K B Ř X G K W U
M Y L J D M Y C Z L Í T F B K M
A B Y E J O R D Z F R J U G K T
D M N I A Ř O L Á Č O M N G S I
Ů D I J P S H Í G Y D X L C N U
R E L L W K S Y T I N U M O K D
D M T P K Ý G B L I Í A A Y J R
O A S V U I A W G H Ž E V B N Ž
A D O R Í Ř P E C A T E G E V I
Y U R G L O B Á L N Í F Ř E M T
P H C U Z E H G O U B U M P C E
L N J G H O D B C A Z Y X B F L
V K O K H L W N M F Z N K T J N
R O Z M A N I T O S T C F J R Ý
S U C H O E B I Z F L Ó R A J U
```

KLIMA
KOMUNITY
ROZMANITOST
FAUNA
FLÓRA
GLOBÁLNÍ
MOŘSKÝ
HORY
PŘÍRODA
PŘÍRODNÍ

MOČÁL
ROSTLINY
ZDROJE
SUCHO
PŘEŽITÍ
UDRŽITELNÝ
DRUH
ODRŮDA
VEGETACE

# 50 - Discipline Scientifiche

```
T  I  B  Y  R  E  E  G  E  B  J  Z  A  M  A  A
R  E  I  U  K  A  D  E  N  B  M  O  D  E  R  T
R  E  O  A  H  E  I  O  J  Z  I  O  Ě  C  C  N
R  V  L  S  U  K  M  L  G  M  G  L  V  H  H  E
M  N  O  F  D  Z  U  O  U  G  F  O  O  A  E  U
N  O  G  X  H  D  N  G  O  A  K  G  K  N  O  R
S  E  I  G  O  L  O  I  Z  Y  F  I  Y  I  L  O
B  O  E  K  R  U  L  E  F  T  F  E  Z  K  O  L
B  I  C  E  I  M  O  N  O  R  T  S  A  A  G  O
V  O  O  I  R  L  G  T  V  H  C  B  J  I  I  G
X  J  T  C  O  I  I  L  W  D  L  N  H  O  E  I
I  P  G  A  H  L  E  A  N  A  T  O  M  I  E  E
F  A  R  T  N  E  O  E  K  O  L  O  G  I  E  I
R  D  H  K  O  I  M  G  D  N  E  L  M  B  Y  E
N  D  E  W  G  Y  K  I  I  G  A  O  C  A  I  C
W  B  P  L  L  H  K  A  E  E  I  M  E  H  C  L
```

| | |
|---|---|
| ANATOMIE | FYZIOLOGIE |
| ARCHEOLOGIE | GEOLOGIE |
| ASTRONOMIE | IMUNOLOGIE |
| BIOCHEMIE | JAZYKOVĚDA |
| BIOLOGIE | MECHANIKA |
| BOTANIKA | NEUROLOGIE |
| CHEMIE | SOCIOLOGIE |
| EKOLOGIE | ZOOLOGIE |

# 51 - Scienza

```
G P M Z J H D X M L P P I S X U
D R D K N C R J O V Ý V Č K M I
I N A A X S I E L T F P Á U N W
D A M V T S B Y E H P W S T I A
M R I Ř I A C U K M O Y T E S N
S X L O O T N U U E Z C I Č F F
B P K T X O A E L T O H C N Y Z
R B K A V F O C Y O R E E O Z R
F Y P R I S D C E D O M P S I E
A L F O D J I F H A V I J T K B
D Á W B X A V J R I Á C Z M A R
O R G A N I S M U S N K P Z N V
R E I L I S O F O E Í Ý B S I Y
Í N K O S B A Z É T O P Y H G S
Ř I V Ě D E C H Z Y A T V O A Y
P M E X P E R I M E N T W K E F
```

ATOM
CHEMICKÝ
KLIMA
DATA
EXPERIMENT
VÝVOJ
SKUTEČNOST
FYZIKA
FOSILIE
GRAVITACE

HYPOTÉZA
LABORATOŘ
METODA
MINERÁLY
MOLEKULY
PŘÍRODA
ORGANISMUS
POZOROVÁNÍ
ČÁSTICE
VĚDEC

# 52 - Acqua

```
Y  S  J  K  K  V  N  W  V  Y  B  K  B  Y  E  Z
D  Z  R  X  B  M  G  M  V  D  B  K  I  N  Y  A
I  R  R  B  R  J  D  Z  M  T  O  G  Y  N  L  V
G  M  Í  Ť  T  Í  Y  F  H  S  F  I  F  I  Z  L
S  F  Z  Š  D  N  U  Z  N  O  M  R  D  V  B  A
O  L  J  É  Z  Á  R  M  R  K  I  M  Y  B  S  Ž
E  Ň  E  D  O  V  O  P  O  H  V  S  V  U  L  O
A  R  G  D  R  O  T  T  C  L  L  Á  N  A  K  V
Ř  E  K  A  E  Ř  U  A  E  V  H  Í  N  S  D  Á
H  P  K  R  Z  A  P  D  Á  F  K  M  E  G  H  N
L  F  A  Á  E  P  H  I  N  K  Ý  Y  T  F  F  Í
Z  B  H  P  J  Y  L  C  T  H  U  R  I  K  Á  N
I  Z  E  D  N  V  R  I  R  N  M  O  U  X  N  W
L  O  P  Z  E  W  O  D  U  P  Ý  Z  Y  I  Z  F
X  L  E  R  V  N  M  C  B  G  S  A  C  G  T  B
P  Z  X  H  T  K  U  B  V  S  B  P  D  O  W  B
```

POVODEŇ            MONZUN
KANÁL              SNÍH
SPRCHA             OCEÁN
VYPAŘOVÁNÍ         VLNY
ŘEKA               DÉŠŤ
MRÁZ               PITNÝ
GEJZÍR             VLHKOST
LED                VLHKÝ
ZAVLAŽOVÁNÍ        HURIKÁN
JEZERO             PÁRA

# 53 - Imbarcazioni

```
A A C T V P B F S V U S O T E U
Ř E K A I W Ř O N R Z A S N B K
K X L V F D C Í K T V B R B I E
I U V Y H C R D L I L T X V I A
S A Y I L T C W X I W G A Z U M
P T K I B A V T O K V C K Y L O
L H O Z M V T L M O Ř E D C A T
A C R Ž M M K Í N Ř O M Á N N O
C A E J Á X E L Á Y B V S N O R
H J Z Z U R J U E N Á M O Ř N Í
E N E J Ó B A X C T Y S P F C Y
T M J V R J R P O K A J A K G G
N K Á N O E T L M I B X N Z W Y
I D P O V C Y F U Y M T X N I K
C K K H V H F O S W X T A N K U
E U N K R O O M I N X H L B C E
```

STOŽÁR

KOTVA

PLACHETNICE

BÓJE

KÁNOE

LANO

POSÁDKA

ŘEKA

KAJAK

JEZERO

MOŘE

PŘÍLIV

NÁMOŘNÍK

MOTOR

NÁMOŘNÍ

OCEÁN

VLNY

TRAJEKT

JACHTA

VOR

# 54 - Chimica

```
A  L  K  A  L  I  C  K  É  C  S  K  V  D  R  Z
M  R  U  J  C  H  E  Í  B  H  O  Y  R  J  H  A
Y  O  C  U  J  X  Z  D  R  L  Y  S  V  O  C  O
Z  T  L  A  N  N  G  O  M  Ó  O  E  S  K  W  F
N  Á  W  E  B  O  P  V  X  R  E  L  S  Ů  U  H
E  Z  H  B  K  T  E  P  L  O  L  I  Z  V  L  A
Y  Y  I  K  I  U  M  O  F  K  E  N  Y  L  P  T
B  L  Y  A  N  I  L  A  P  A  K  A  T  I  R  O
J  A  I  P  I  N  N  A  A  O  T  J  D  K  X  M
R  T  L  A  E  O  B  X  Ý  N  R  E  D  A  J  O
C  A  Z  G  V  R  N  M  O  D  O  A  W  I  X  V
P  K  Í  L  S  Y  K  T  S  O  N  T  O  M  H  Ý
N  Í  C  E  F  T  O  O  R  G  A  N  I  C  K  Ý
L  L  T  E  P  L  O  T  A  P  M  B  O  N  G  T
I  H  Z  D  O  Z  R  Z  K  N  M  M  N  F  X  B
O  U  A  V  F  R  Z  N  E  B  F  F  I  B  M  T
```

| | |
|---|---|
| KYSELINA | VODÍK |
| ALKALICKÉ | IONT |
| ATOMOVÝ | KAPALINA |
| TEPLO | MOLEKULA |
| UHLÍK | JADERNÝ |
| KATALYZÁTOR | ORGANICKÝ |
| CHLÓR | KYSLÍK |
| ELEKTRON | HMOTNOST |
| ENZYM | SŮL |
| PLYN | TEPLOTA |

# 55 - Strumenti Musicali

```
N  B  K  E  P  J  T  O  G  A  F  C  G  N  K  B
W  P  E  L  K  O  P  A  H  A  R  F  A  K  L  E
G  T  R  S  A  W  J  X  M  R  I  D  H  O  A  N
M  E  H  U  L  V  E  W  K  B  Z  O  I  J  R  D
Z  K  A  O  L  M  Í  M  T  D  U  R  O  E  I  Ž
P  Y  R  H  E  W  O  R  A  Z  R  R  R  W  N  O
O  T  M  X  B  M  U  T  X  N  T  B  Í  C  E  F
V  A  O  T  K  G  L  R  I  O  D  K  J  N  T  L
E  R  N  E  B  U  B  U  I  F  B  O  I  F  A  É
T  A  I  C  T  X  R  B  S  O  O  X  L  L  T  T
H  U  K  A  Z  U  Z  K  F  X  A  U  R  Í  B  N
O  C  A  B  M  I  R  A  M  A  C  O  M  O  N  A
B  J  K  X  L  L  M  J  J  S  S  J  T  V  G  A
O  L  H  P  B  G  O  N  G  Z  W  M  G  U  O  O
J  V  I  O  L  O  N  C  E  L  L  O  X  E  N  E
C  O  P  O  Z  O  U  N  C  V  J  Y  B  N  R  R
```

| | |
|---|---|
| HARMONIKA | HOBOJ |
| HARFA | POKLEP |
| BENDŽO | KLAVÍR |
| KYTARA | SAXOFON |
| KLARINET | TAMBURÍNA |
| FAGOT | BUBEN |
| FLÉTNA | TRUBKA |
| GONG | POZOUN |
| MANDOLÍNA | HOUSLE |
| MARIMBA | VIOLONCELLO |

# 56 - Professioni #2

```
H  M  C  G  M  Z  G  E  N  Ř  V  J  A  I  L  Z
A  L  H  F  O  T  O  G  R  A  F  W  J  N  I  A
Y  X  I  N  P  L  L  F  X  K  A  Y  N  Ž  N  H
Z  H  R  O  L  V  O  L  U  É  H  S  K  E  G  R
I  X  U  M  O  B  O  I  O  L  I  L  Í  N  V  A
V  K  R  R  G  U  Z  T  B  S  R  E  N  Ý  I  D
J  L  G  A  S  T  R  O  N  A  U  T  V  R  S  N
V  Ý  Z  K  U  M  N  Í  K  Z  V  A  O  W  T  Í
N  O  V  I  N  Á  Ř  G  F  Z  Y  V  H  L  A  K
G  U  F  P  C  B  O  Z  I  E  N  O  I  E  I  Z
R  O  T  Á  R  T  S  U  L  I  Á  Ř  N  T  K  P
M  O  C  O  K  C  E  Z  O  P  L  T  K  I  A  I
D  A  G  B  D  Y  B  U  Z  V  E  E  X  Č  Z  H
J  U  L  U  U  M  I  B  O  O  Z  Š  K  U  K  Z
J  S  G  Í  D  J  R  A  F  Y  C  Y  I  N  M  P
N  X  D  X  Ř  A  V  Ř  I  Z  E  V  X  R  R  A
```

ASTRONAUT
KNIHOVNÍK
BIOLOG
CHIRURG
ZUBAŘ
FILOZOF
FOTOGRAF
ZAHRADNÍK
NOVINÁŘ
ILUSTRÁTOR

INŽENÝR
UČITEL
VYNÁLEZCE
VYŠETŘOVATEL
LINGVISTA
LÉKAŘ
PILOT
MALÍŘ
VÝZKUMNÍK
ZOOLOG

# 57 - Letteratura

```
D R M T V U Ž S U Y P B R R X H
A Z Ý L A N A I G W O Á C M S E
A P R P R N L H V P A S T Y D R
M H D N A A A J M O T E U G I J
R O M Á N J Z L H P T Ň J Ý A M
O Ě M T C O W Y O T X O R K L E
Z I V H Z T V T A G D S P C O T
Á Z A Á I M X S N Ž I S T I G A
N W O D Z W O S E Á A E É T S F
S R O V N Á N Í K N U I M E S O
R L D P O P I S D R T J A O O R
Y L U A K K M Y O U O X G P O A
T T V X A N I U T C R N N O M U
M J N H B U X H A F F D H W S B
U X F Z I L T T R A G É D I E W
S B J N S U O Z E R W I L M M Z
```

ANALÝZA
ANALOGIE
ANEKDOTA
AUTOR
ŽIVOTOPIS
ZÁVĚR
SROVNÁNÍ
POPIS
DIALOG
ŽÁNR

METAFORA
NÁZOR
BÁSEŇ
POETICKÝ
RÝM
RYTMUS
ROMÁN
STYL
TÉMA
TRAGÉDIE

# 58 - Cibo #2

```
A D Á L O K O Č M P C R C J X N
B N S E I K H D V X H X O R W R
Y B R A W L N E C I L O K O R B
R Ý S G I H E Ž Ý R É F J C Z V
E O H J K R Č K C Y B Š G I C E
H O U B A O J B W R X F U R D J
L K K J J Z A T Ř E Š E Ň N M C
D L P J C E R J C C Ř J P Á K E
A B Z X T N J O H I M U F N R A
J A E Y K U U G U N A W K A H C
Y J B O J A D U S E L A J B P W
C E L E R U Y R T Š G Z G B M H
C O Z G M D S T X P C U C F M Z
N O T T K E D F Y L M J L H X T
V N R F K P B W D A W C L A U T
L G Z L Y D C A F B D E Y R E U
```

BANÁN

BROKOLICE

TŘEŠEŇ

ČOKOLÁDA

SÝR

HOUBA

PŠENICE

KIWI

JABLKO

LILEK

CHLÉB

RYBA

KUŘE

RAJČE

ŠUNKA

RÝŽE

CELER

VEJCE

HROZEN

JOGURT

# 59 - Nutrizione

```
V K T R Á V E N Í V Z K Y R I S
F Y O T O X I N Í M A T I V Y I
A K V Ř U S H O R K Ý C A Y D M
K P N Á E I R O L A K K E A Z
Č V K V Ž N K A P A L I N Y G D
Á X A R N E Í S A C H A R I D R
M E J Š D B N L N I P V N O G A
O H C R E G H Ý I U X A E D G V
L P X H B N W Y V B A R L E M Í
Z D R A V Ý Í N I C L T E F M A
G A G M N X S I Ž Z L S J E N M
M H V C G X G E T W C L P G T B
I K E X N D T T V C G B I O L X
I V T S O N T O M H R B M W B O
J E D L Ý W N R W U N X G L N X
K V A L I T A P L Ť G J Y S B M
```

| | |
|---|---|
| HORKÝ | ŽIVINA |
| CHUŤ | HMOTNOST |
| VYVÁŽENÝ | PROTEINY |
| KALORIE | KVALITA |
| SACHARID | OMÁČKA |
| JEDLÝ | ZDRAVÍ |
| STRAVA | ZDRAVÝ |
| TRÁVENÍ | KOŘENÍ |
| KVAŠENÍ | TOXIN |
| KAPALINY | VITAMÍN |

# 60 - Matematica

```
A E J N I S U G P Z Z O Ú S W P
R I K E M O L Z E R H W H N Z O
I R K W L U F C F O Ů E L R P L
T T O S K Č I O H M M M Y V S Y
M E O V Í E Z I V I D E Ě E C G
E M B E N T X V M M O A T R B O
T Y J X L O G Y L O V E Z R F N
I S E P É V B N C O B K Ý C I R
C A M O D K W Ě H L O F N A R E
K A S N B K Í N Ž Ě B O N V O R
Ý V A E O U I K E N R U I X G Ě
A W R N G E B Y X W Ý I T F I M
F J Í T S Ě M Á N L G E E Y U O
I B R O V N I C E R C A S V V L
T R O J Ú H E L N Í K F E U T O
V T C T Z N K H T S F O D K S P
```

| | |
|---|---|
| ÚHLY | ROVNOBĚŽNÍK |
| ARITMETICKÝ | OBVOD |
| DESETINNÝ | POLYGON |
| PRŮMĚR | NÁMĚSTÍ |
| DIVIZE | POLOMĚR |
| ROVNICE | OBDÉLNÍK |
| EXPONENT | SYMETRIE |
| ZLOMEK | SOUČET |
| GEOMETRIE | TROJÚHELNÍK |
| ROVNOBĚŽNÝ | OBJEM |

# 61 - Meditazione

```
J  N  M  C  M  T  I  O  K  S  N  I  E  W  H  U
R  A  E  M  O  C  E  L  X  J  X  M  V  G  N  K
E  P  S  Z  U  M  L  Č  E  T  M  V  C  Y  U  L
A  P  Ř  N  R  T  C  R  U  J  T  J  C  X  T  I
S  O  R  Í  O  T  I  C  U  O  S  O  C  K  Í  D
S  Z  N  T  R  S  V  D  Ě  Č  N  O  S  T  T  N
W  O  H  E  D  O  T  M  Í  R  A  S  U  W  S  I
W  R  X  J  J  V  D  D  Ý  C  H  Á  N  Í  Ě  T
D  N  V  I  Y  A  P  A  T  C  C  P  H  N  T  G
U  O  Z  Ř  S  K  I  P  B  H  N  F  L  G  Š  J
Š  S  P  P  V  S  E  F  V  D  F  G  A  X  P  C
E  T  R  J  A  A  X  M  M  G  U  F  G  K  F  H
V  Y  K  N  E  L  Š  Y  M  B  H  H  L  L  R  O
N  K  F  L  I  T  L  W  O  M  Y  S  L  N  F  H
Í  P  O  Z  O  R  O  V  Á  N  Í  Z  M  Z  K  P
P  E  R  S  P  E  K  T  I  V  A  M  H  I  N  R
```

PŘIJETÍ            MYSL
POZORNOST          HNUTÍ
UKLIDNIT           HUDBA
JASNOST            PŘÍRODA
SOUCIT             POZOROVÁNÍ
EMOCE              MÍR
ŠTĚSTÍ             MYŠLENKY
LASKAVOST          PERSPEKTIVA
VDĚČNOST           DÝCHÁNÍ
DUŠEVNÍ            UMLČET

# 62 - Antiquariato

```
D  S  T  O  L  E  T  Í  C  U  Y  L  R  A  L  J
T  E  Ý  A  Y  I  X  X  B  M  Z  E  C  T  X  C
V  C  K  T  J  R  J  L  I  Ě  Y  E  A  I  C  S
P  I  C  O  K  E  Í  N  T  N  A  G  E  L  E  U
L  T  I  N  R  L  M  L  N  Í  D  U  Z  A  X  S
L  S  T  D  S  A  N  E  C  L  T  Y  R  V  Z  P
A  E  N  O  S  G  T  N  E  O  B  V  Y  K  L  Ý
H  V  E  H  J  O  T  I  N  F  B  U  E  E  X  R
C  N  T  O  L  F  K  C  V  A  J  R  H  T  T  A
O  I  U  P  S  U  E  Y  Z  N  P  N  W  Y  A  T
S  W  A  J  S  T  A  V  O  E  Í  A  S  B  D  S
Z  T  T  N  M  G  Y  C  J  N  S  C  R  Á  F  S
P  I  Y  D  Y  I  A  W  A  I  C  Z  Y  N  M  U
E  X  C  L  I  Z  N  A  U  K  C  E  K  K  P  I
O  P  E  Z  F  W  G  C  D  E  K  Á  D  Y  T  I
O  B  N  O  V  E  N  Í  E  G  S  C  Z  G  K  D
```

| | |
|---|---|
| UMĚNÍ | NÁBYTEK |
| AUKCE | MINCE |
| AUTENTICKÝ | CENA |
| STAV | KVALITA |
| DEKÁDY | OBNOVENÍ |
| DEKORATIVNÍ | SOCHA |
| ELEGANTNÍ | STOLETÍ |
| GALERIE | STYL |
| NEOBVYKLÝ | HODNOTA |
| INVESTICE | STARÝ |

# 63 - Escursionismo

```
B Y T W U A F N X U J R A P A M
L I N O K D A Z E W C Z A A X U
P T A S B O T Y C B V G V R N N
X R O V E R A V N M E T A K S A
T B Ů L M Í Ř O U V I Z R Y S V
H T M V D Ř Í X L A O Í P N S E
S X R M O P V F S D L N Í E Y N
I X T N W D Z Y Y O I Á Ř M Č Ý
Y E M A F Ú C M R V V V P A Z Í
V L E C A T N E I R O O O K J H
O O X T M E S B H G Z P P K U W
E X L S I S Y I O X E M C G Ý K
G A D A L K A M R E E E D T K G
E U A A K X N D A G P K S M Ž J
S U M M I T X D X B Y M P M Ě U
P L F N R C G S T C M I T P T Z
```

| | |
|---|---|
| VODA | NEBEZPEČÍ |
| ZVÍŘATA | TĚŽKÝ |
| KEMPOVÁNÍ | KAMENY |
| KLIMA | PŘÍPRAVA |
| PRŮVODCE | ÚTES |
| MAPA | DIVOKÝ |
| HORA | SLUNCE |
| PŘÍRODA | UNAVENÝ |
| ORIENTACE | BOTY |
| PARKY | SUMMIT |

# 64 - Professioni #1

```
A S T R O N O M D G P T Z L U L
E W P S Ř É K N A B M R F É M T
I D D K Y P O L E D R E G K Ě H
Y M I J J Z I W E Z V N W Á L H
M I P T H P A K N G É H R E B
E U I W O U E C G Z O R J N C M
C M A Y V R D J T M L T A Í F Z
Ř Á N I R E T E V M O I N K S C
Z I I S S X M H B O E V A Í K J
H F S B A M X A P N G D D V K X
R É T A L A T S N I Í N V V S S
K K A F A R G O T R A K O Ě B I
L O V E C T O N S D E M K D T K
C E N A L S Y V L E V R Á E D Y
B K Í N Č E N A T E T C T C N V
V B W B D S P S Y C H O L O G E
```

| | |
|---|---|
| TRENÉR | LÉKÁRNÍK |
| VELVYSLANEC | GEOLOG |
| UMĚLEC | KLENOTNÍK |
| ASTRONOM | INSTALATÉR |
| ADVOKÁT | SESTRA |
| TANEČNÍK | HUDEBNÍK |
| BANKÉŘ | PIANISTA |
| LOVEC | PSYCHOLOG |
| KARTOGRAF | VĚDEC |
| EDITOR | VETERINÁŘ |

# 65 - Antartide

```
P Z V H H K G W C B O S R H W L
M O A H C L I N L V B H N K D R
S B L F R M I G R A C E Z I H P
C I P O Z Á L I V F I Z V P B N
X T A N O V Ý Z K U M N Í K W Y
P P H S A S N L F J E F J C E P
O T N E N I T N O K A B D I N V
M E M U K Z Ů R P L E D O V C E
V E L R Y B Y J O W Z E O Y E T
S K A L N A T Ý P V E L K V X E
V Ě D E C K Ý W T B M N K O P P
M Z A C H O V Á N Í Ě H P R E L
T R N E I F A R G O P O T T D O
L E A M Y L Á R E N I M I S I T
B N K K F J O D N T S Y L O C A
P M B R Y K T G L Z O C J E E G
```

| | |
|---|---|
| VODA | MIGRACE |
| ZÁLIV | MINERÁLY |
| VELRYBY | MRAKY |
| ZACHOVÁNÍ | POLOOSTROV |
| KONTINENT | VÝZKUMNÍK |
| PRŮZKUM | SKALNATÝ |
| ZEMĚPIS | VĚDECKÝ |
| LEDOVCE | EXPEDICE |
| LED | TEPLOTA |
| OSTROVY | TOPOGRAFIE |

# 66 - Libri

```
D  G  L  I  U  V  X  G  K  E  L  N  O  U  P  S
T  O  S  Z  L  U  Ý  N  P  I  T  V  D  R  Ř  B
E  R  B  V  Y  N  A  L  É  Z  A  V  Ý  I  Í  Í
P  G  A  R  V  F  P  T  X  E  T  N  O  K  B  R
O  H  D  G  O  V  S  I  X  O  I  Á  L  H  Ě  K
S  X  G  W  I  D  Y  F  M  P  L  M  Y  I  H  A
L  W  T  D  K  C  R  P  N  K  A  O  K  S  T  D
Z  V  U  Y  K  H  K  U  R  Y  U  R  W  T  U  V
A  U  T  O  R  X  V  Ý  Ž  A  D  A  Ř  O  L  A
D  U  F  Y  Y  C  N  F  E  S  V  I  A  R  U  H
H  T  S  I  Ř  G  V  X  K  M  T  Ě  N  I  N  R
P  S  T  R  Á  N  K  A  M  W  T  V  Č  C  K  P
B  P  L  Í  N  R  Á  R  E  T  I  L  Í  K  K  S
A  P  S  S  E  S  Y  O  U  W  H  C  M  Ý  W  A
X  F  O  K  T  R  E  L  E  V  A  N  T  N  Í  N
T  W  C  W  Č  S  N  C  I  P  P  R  J  I  L  Ý
```

| | |
|---|---|
| AUTOR | STRÁNKA |
| DOBRODRUŽSTVÍ | POEZIE |
| SBÍRKA | RELEVANTNÍ |
| KONTEXT | ROMÁN |
| DUALITA | PSANÝ |
| EPOS | ŘADA |
| VYNALÉZAVÝ | PŘÍBĚH |
| LITERÁRNÍ | HISTORICKÝ |
| ČTENÁŘ | TRAGICKÝ |
| VYPRAVĚČ | VTIPNÝ |

# 67 - Geografia

```
M T H J S Z A Y E V L P N I P G
C Ě H O R A Á M L X F Y A N N C
Y V S W P P N P I K W R G R C D
Y S C T W A W H A K E Ř Y M G M
T I D E O M F B F D J A N G P O
P G A M G A R P X P G P R J Z S
E L U O K O L O P W Ú X O X X T
L S T P C M O Ř E C Z M V L G R
U C V O E E S T B J E K N Z R O
O M Z L W H Á Z J Y M J Í C O V
K T N E N I T N O K Í J K M R N
Ě A V D B J Z E M Ě X F T X D D
M T A N O V D H U W V O S J B R
E L R Í N R E V E S R E G I O N
Z A P K W E I F P W X H Y I J A
J S V Z D T W H M O U W I U J O
```

ATLAS
MĚSTO
KONTINENT
POLOKOULE
ROVNÍK
ŘEKA
ZEMĚKOULE
OSTROV
MAPA
MOŘE

POLEDNÍK
SVĚT
HORA
SEVERNÍ
OCEÁN
ZÁPAD
ZEMĚ
REGION
JIH
ÚZEMÍ

# 68 - Cibo #1

```
H Š U L U M E P S R S J S H N P
W Y Ť H H B H X P A W G K R S S
B A C Á X W A D O H A J P U C U
E W F X V R A Z P T R O D Š B S
U H T F W A G D A Á O B R K U C
U N O R T I C N B L J H D A J U
H V R F U L G I G A K Á Ň U T C
D E C I Ř O K S Y S D A Z M Á F
W K R L Í S K E N S E Č K N N O
C R H I N A U É B O M Á T A E C
I M I R E M O V L I B N G D P S
X F C E M N E M A M B N G N Š Ů
E O Y N Č S E A P I F C B D N L
O M Y C E L U B I C B C I Z C I
G T V R J G U W X H U X T D U H
R O Y Y K N F L A F A R K D O M
```

| | |
|---|---|
| ČESNEK | MÁTA |
| BAZALKA | JEČMEN |
| SKOŘICE | HRUŠKA |
| MASO | TUŘÍN |
| MRKEV | SŮL |
| CIBULE | ŠPENÁT |
| JAHODA | ŠŤÁVA |
| SALÁT | TUŇÁK |
| MLÉKO | DORT |
| CITRON | CUKR |

# 69 - Etica

```
T  I  C  U  O  S  O  F  B  N  T  A  R  P  F  M
D  R  L  T  U  Z  X  K  I  X  T  V  I  M  A  O
I  T  P  I  K  F  Y  V  K  L  S  M  K  L  I  U
P  S  R  Ě  D  O  C  V  L  Z  O  V  S  N  S  D
L  O  H  A  L  S  S  P  K  U  V  Z  K  A  U  R
O  N  S  X  M  I  T  J  N  L  A  R  O  U  M  O
M  M  S  C  J  O  V  V  I  C  K  O  T  F  S  S
A  U  K  L  P  F  Y  O  O  Y  S  Z  B  I  I  T
T  Z  V  M  F  S  J  S  S  M  A  U  Y  N  M  E
I  O  H  O  D  N  O  T  Y  T  L  M  U  T  I  J
C  R  E  A  L  I  S  M  U  S  U  N  U  E  T  T
K  P  O  C  T  I  V  O  S  T  K  É  C  G  P  U
Ý  D  Ů  S  T  O  J  N  O  S  T  T  T  R  O  M
O  S  P  O  L  U  P  R  Á  C  E  A  I  I  J  D
T  O  L  E  R  A  N  C  E  D  X  F  V  T  J  O
B  E  N  E  V  O  L  E  N  T  N  Í  Ý  A  J  C
```

| | |
|---|---|
| BENEVOLENTNÍ | TRPĚLIVOST |
| SOUCIT | ROZUMNÉ |
| SPOLUPRÁCE | ROZUMNOST |
| DŮSTOJNOST | REALISMUS |
| DIPLOMATICKÝ | UCTIVÝ |
| FILOZOFIE | MOUDROST |
| LASKAVOST | TOLERANCE |
| INTEGRITA | LIDSTVO |
| POCTIVOST | HODNOTY |
| OPTIMISMUS | |

# 70 - Aeroplani

```
N  P  B  A  L  Ó  N  T  F  H  D  P  N  T  E  J
D  A  Ř  N  X  N  D  N  H  M  B  B  A  T  Í  V
E  G  V  I  K  O  N  S  T  R  U  K  C  E  V  E
S  Y  R  I  S  S  M  Ě  R  O  T  O  M  J  T  P
I  A  R  X  G  T  H  Y  J  P  U  T  S  E  S  O
G  L  G  R  Y  O  Á  Y  U  L  A  A  O  B  Ž  S
N  E  C  U  E  L  V  N  U  Z  Z  L  Z  Z  U  Á
V  Ý  Š  K  A  B  L  A  Í  D  M  H  I  K  R  D
H  I  S  T  O  R  I  E  T  P  L  N  N  V  D  K
C  Z  C  E  S  T  U  J  Í  C  Í  E  M  V  O  A
U  T  U  R  B  U  L  E  N  C  E  B  U  I  R  F
D  A  T  M  O  S  F  É  R  A  G  E  X  K  B  Z
Z  G  I  A  D  C  H  Z  J  E  P  M  Z  E  O  X
V  O  D  Í  K  G  E  W  P  I  L  O  T  I  D  V
X  L  L  A  H  H  O  K  D  B  P  B  J  H  A  G
Y  B  U  V  Y  W  E  T  V  T  W  K  E  F  X  X
```

| | |
|---|---|
| VÝŠKA | SESTUP |
| VZDUCH | POSÁDKA |
| ATMOSFÉRA | VODÍK |
| PŘISTÁNÍ | MOTOR |
| DOBRODRUŽSTVÍ | NAVIGOVAT |
| PALIVO | BALÓN |
| NEBE | CESTUJÍCÍ |
| KONSTRUKCE | PILOT |
| DESIGN | HISTORIE |
| SMĚR | TURBULENCE |

# 71 - Governo

```
O N P E Z D T X A G P G Z C B Ú
E B S J J N Í N D O R Á N Z U S
M P Č Y N D Í N D U O S O D U T
P X W A M O C S L E J T M R U A
J S M R N B T V M I E O P I H V
O K R E S S O Y H C V I D I X A
N P W A Y G T L W A W I J W A C
P Z Á K O N Á V M R S O C J K W
V F R I O I T I Í K Í N M O P T
Ů N A T Y I S T S O N V O R Z M
D G Y I N C D W R M V X L P B I
C I D L A K Z O U E S U K S I D
E B I O J Z Y E A D O B O V S O
I F V P J N G T Z V X X Z Z N R
S P R A V E D L N O S T N G K Á
N I Z A W T S O L S I V Á Z E N
```

VŮDCE  
OBČANSTVÍ  
CIVILNÍ  
ÚSTAVA  
DEMOKRACIE  
PROJEV  
DISKUSE  
SOUDNÍ  
SPRAVEDLNOST  
NEZÁVISLOST  

ZÁKON  
SVOBODA  
POMNÍK  
NÁRODNÍ  
NÁROD  
POLITIKA  
OKRES  
SYMBOL  
STÁT  
ROVNOST

# 72 - Bellezza

```
I  J  E  Ě  F  H  S  T  Y  L  I  S  T  A  S  F
M  V  T  N  S  P  L  Y  P  E  O  B  C  S  L  O
O  F  O  Ů  Ů  Z  H  A  K  N  E  S  A  Ř  U  T
P  P  U  V  D  Ž  D  H  D  P  Z  R  V  Y  Ž  O
K  A  D  E  Ř  E  K  C  P  K  J  T  R  G  B  G
U  B  L  Ž  G  L  H  Y  R  Y  Ý  Ě  A  L  Y  E
T  N  R  Ů  A  E  C  F  O  K  P  N  B  C  F  N
W  O  V  K  V  G  Y  G  D  C  S  K  I  L  L  I
U  U  Z  K  S  A  N  Y  U  W  A  A  B  H  P  C
Z  G  Y  P  G  N  M  E  K  G  H  N  U  J  B  K
R  E  E  B  Z  C  E  U  T  N  O  P  M  A  Š  Ý
C  W  R  J  C  E  K  A  Y  O  B  Z  I  W  T  C
A  K  I  T  E  M  S  O  K  L  O  C  L  P  P  A
D  O  B  M  W  L  M  E  P  J  T  A  O  W  T  J
L  J  Z  N  V  A  O  L  Z  U  O  K  S  V  I  E
O  E  L  E  G  A  N  T  N  Í  G  M  T  H  V  P
```

BARVA
KOSMETIKA
ELEGANTNÍ
ELEGANCE
KOUZLO
NŮŽKY
FOTOGENICKÝ
VŮNĚ
MILOST
HLADKÝ

ŘASENKA
OLEJE
KŮŽE
PRODUKTY
KADEŘ
RTĚNKA
SLUŽBY
ŠAMPON
ZRCADLO
STYLISTA

# 73 - Avventura

```
A Y J M D E S T I N A C E P R W
I K B E Z P E Č N O S T P Ř A Z
K R T E L Ý V P L I N S A Á L O
A P I I I J P V F S I O Y T M B
Ý L K Y V B O E N R N D X E K I
N P C P R I V Ý Z V Y A T L E B
Č F Ř C Ř C T Y F L X R S É C T
E H Á Í W Í K A P Ř Í R O D A H
P N R N P B L I V R A X N M G T
Z Z E E V R S E R S A F Č Y I K
E M N Š S T A Ý Ž Z I U E Y V Y
B F I D U M J V U I I C T Y A E
E J T A E D B O A T T B A V N C
N V I N N T I N S L A O T L B D
Y Y Z K R Á S A E J U T S E C S
N Y G T V A P T S O N Ž Í T B O
```

PŘÁTELÉ
AKTIVITA
KRÁSA
STATEČNOST
DESTINACE
OBTÍŽNOST
NADŠENÍ
VÝLET
RADOST
NEOBVYKLÝ

ITINERÁŘ
PŘÍRODA
NAVIGACE
NOVÝ
PŘÍLEŽITOST
NEBEZPEČNÝ
PŘÍPRAVA
VÝZVY
BEZPEČNOST
CESTUJE

# 74 - Forme

```
S  V  R  F  H  A  L  O  B  R  E  P  Y  H  Y  W
T  K  Á  Z  V  L  K  N  B  E  L  I  P  S  A  H
R  U  W  L  S  Z  R  K  K  D  V  Y  O  H  K  K
A  Ž  V  R  E  F  U  L  R  F  É  R  K  R  H  Ř
N  E  Y  K  F  C  H  A  F  I  N  L  Í  U  E  I
A  L  X  T  V  P  O  L  Y  G  O  N  N  I  C  V
H  R  A  N  O  L  O  Á  N  K  Z  X  L  Í  T  K
O  B  L  O  U  K  R  V  A  E  K  G  E  T  K  A
S  X  B  M  W  A  I  O  R  V  K  P  H  S  E  D
U  G  U  B  K  S  J  F  H  Z  R  O  Ú  Ě  D  I
N  C  F  K  G  Y  S  Z  W  P  E  Y  J  M  Á  M
Z  K  O  U  L  E  L  H  C  Y  R  K  O  Á  Ř  A
B  X  N  B  V  O  H  K  F  J  N  M  R  N  D  R
Z  W  E  I  V  C  H  C  T  R  D  E  T  T  S  Y
Z  S  T  W  C  P  T  W  I  K  V  D  O  U  P  P
L  D  L  J  I  G  S  S  J  I  Z  F  V  C  C  H
```

| | |
|---|---|
| ROH | STRANA |
| OBLOUK | ŘÁDEK |
| HRANY | OVÁL |
| KRUH | PYRAMIDA |
| VÁLEC | POLYGON |
| KUŽEL | HRANOL |
| KRYCHLE | NÁMĚSTÍ |
| KŘIVKA | OBDÉLNÍK |
| ELIPSA | KOULE |
| HYPERBOLA | TROJÚHELNÍK |

# 75 - Oceano

```
G O W X K L R N H M B R H F E N
W K U W A D T Z V N R H L Ů S P
I F U R S D U X R E Z K O R X G
M E D Ú Z A T E V E R K Ď B K H
C H O B O T N I C E R I A C H S
Y B L I M M Í U Z K Y N L V U T
H L O J A V F I R S B Y G K F K
Y O U M T T L Z M B A U L S Ú R
Ž E U U X B E P Ř Í L I V Y S A
C E Z B B A D C H P Ú T E S T B
P R L L A B T U Ň Á K L U A Ř S
W Y K V Á Y K B C Z X O W I I H
W U I O A R A F B E M C F U C X
O N Ž R A L O K Ú H O Ř B M E O
D P T E P E K K Z R G H T A M C
C W C F I V W R B V U B O U Ř E
```

ÚHOŘ                    ÚSTŘICE
VELRYBA                 RYBA
LOĎ                     CHOBOTNICE
KORÁL                   SŮL
DELFÍN                  ÚTES
KREVETA                 HOUBA
KRAB                    ŽRALOK
PŘÍLIVY                 ŽELVA
MEDÚZA                  BOUŘE
VLNY                    TUŇÁK

# 76 - Famiglia

```
V S K D U E X F Z R L O E I E D
Y Y Z Ě J Z C O B E I T C R I Ě
D N S T D D Ě T I P F J E T J D
N O F S O V I A K L E Ž N A M E
E V B T T G O A M E I P A R N Č
A E C V D P G J X Ž M N R B A E
E C X Í U A W B Č N D Í T Ě L K
L Ý Y J B H W O J A K N A K D G
C R T S D C E R A M T F R U T B
W T V S X C S N M H N A B N V H
L S O L H O Z Z K A K Č I B A B
E X E L G Ý K S Ř E T A M C R L
O T C O V S K Ý T S I K S O T G
P Ř E D E K E F A E L O A T S I
G T E Y H R Z V R E T L A E E R
T E T A N A X W K W X A F C S C
```

| | |
|---|---|
| PŘEDEK | MATEŘSKÝ |
| DĚTI | MANŽELKA |
| DÍTĚ | SYNOVEC |
| BRATRANEC | BABIČKA |
| DCERA | DĚDEČEK |
| BRATR | OTEC |
| DVOJČATA | OTCOVSKÝ |
| DĚTSTVÍ | SESTRA |
| MATKA | TETA |
| MANŽEL | STRÝC |

# 77 - Creatività

```
O B R A Z V I T A L I T A K Ý D
J P G P P N H P O M T K R L V R
U A F M R V M Ř S U F P Y J A A
M T S M L B E E T I C O P O Z M
Ě I P N I T C D E C O M E L É A
L Z R V O S I S K V Ý R A Z L T
E N A M V S U T U V J V E H A I
C E V D I R T A T Í J V C D N C
K T O O Z V N V O N Á P A D Y K
Ý N S V E J I I S N K G R U V Ý
N I T E E I V V T Á K K I M U U
Z A A D U D O O V T I B P G W E
D R M N C G B S Y N V T S U D N
D M I O A X R T I O V S N N I V
B B T S D O J E M P G C I A V E
F C H T U F B V R S H B H X M B
```

| | |
|---|---|
| DOVEDNOST | OBRAZ |
| UMĚLECKÝ | DOJEM |
| PRAVOST | INTENZITA |
| JASNOST | INTUICE |
| DRAMATICKÝ | VYNALÉZAVÝ |
| EMOCE | INSPIRACE |
| VÝRAZ | POCIT |
| TEKUTOST | SPONTÁNNÍ |
| NÁPADY | VIZE |
| PŘEDSTAVIVOST | VITALITA |

# 78 - Veicoli

```
I  E  P  N  C  N  P  P  X  J  T  N  F  U  L  A
Y  S  T  C  V  P  X  L  E  Í  X  A  T  Z  J  Y
I  Z  N  P  N  Y  D  B  U  Z  A  K  X  T  K  I
X  F  G  Y  A  U  Z  T  K  D  U  R  W  I  U  J
R  O  T  K  A  R  T  G  S  N  T  O  R  T  E  M
Y  L  B  W  O  P  O  J  C  Í  O  N  D  V  E  W
T  D  Y  N  X  P  W  V  Z  K  B  O  A  L  A  Y
K  A  R  A  V  A  N  A  N  O  U  P  N  A  H  K
E  T  O  T  U  A  V  K  Á  L  S  B  F  P  A  I
J  E  T  E  D  L  R  Ž  K  O  I  F  Y  S  F  T
A  L  O  K  A  T  T  Ě  L  S  A  N  I  T  K  A
R  V  M  A  H  R  U  B  A  U  E  Y  E  D  H  M
T  Y  L  R  S  N  L  O  Ď  O  L  D  J  T  P  U
U  P  J  A  T  C  N  L  Á  W  O  R  W  U  J  E
E  A  P  R  K  I  Í  O  K  S  X  V  O  M  M  N
P  S  V  M  A  K  K  K  S  X  P  F  N  G  I  P
```

| | |
|---|---|
| LETADLO | MOTOR |
| SANITKA | PNEUMATIKY |
| AUTO | RAKETA |
| AUTOBUS | KOLOBĚŽKA |
| LOĎ | PONORKA |
| JÍZDNÍ KOLO | TAXI |
| NÁKLAĎÁK | TRAJEKT |
| KARAVANA | TRAKTOR |
| VRTULNÍK | VLAK |
| METRO | VOR |

# 79 - Emozioni

```
L S P O K O J E N Ý E V M B G K
L A H Ě N T B F F V B Z Í L N I
L E S M H S C K N K V R R A E F
B B W K C O L U Y N D U F Ž R C
O T I P A V K E Ř P Ě Š D E K M
N B I S R V M R U O Č E Z N L K
L F S R T Ě O T B G N N Z O I Z
R M U A S N P S M R Ý Ý L S D U
I T O J H H Z X T B D W G T P T
Ý N Ě N L O V U E I T A P M Y S
S U U X P F E Y R T N K X N V D
M D H E W P W Ú A W I D Z X L P
U A K S Á L H L D A G N I Y P H
T I D C B F S E O X F T H L P R
E J D F B I S V S W P U A D K B
K I P H H F O A T E C U M M S U
```

LÁSKA
BLAŽENOST
UKLIDNIT
OBSAH
VZRUŠENÝ
LASKAVOST
RADOST
VDĚČNÝ
NUDA
MÍR

STRACH
HNĚV
UVOLNĚNÝ
ÚLEVA
SYMPATIE
SPOKOJENÝ
PŘEKVAPIT
NĚHA
KLID
SMUTEK

# 80 - Natura

```
Ě T Š I Č O T Ú E H K K M W D P
D H R P E E W G R P M R G B W O
E M F O T S A I O X T Á T C P U
I J O M P E P M Z J M S G J S Š
E V H O A I S A E S E A H L M Ť
X W S K T L C E V O D E L V K T
K B B T A K I K N B B K X B U Z
O Ě R R G P O S Ý N D I L K U F
Í N L Á T I V Ý T H K K T E G F
D Y N A M I C K Ý M R A K Y V I
I T L K E D V C K E E N E T P D
R A N E K G R I O E B A H E G Z
P V I Ř Č W C T V H O R Y K X J
C S L D R V X K I J N A C I E K
H V E K K L M R D W V H A E G C
X M S C R A E A T A Ř Í V Z H O
```

ZVÍŘATA
VČELY
ARKTICKÝ
KRÁSA
POUŠŤ
DYNAMICKÝ
EROZE
ŘEKA
LIST
LES

LEDOVEC
HORY
MLHA
MRAKY
ÚTOČIŠTĚ
SVATYNĚ
DIVOKÝ
KLIDNÝ
TROPICKÝ
VITÁLNÍ

# 81 - Balletto

```
C H A V G C Z D O V E D N O S T
M I A J C E L K A K P T W N G Z
V K U Z U X S U O Y F Y F Y S Í
P O T L E S K T E U R B G T F N
I I A P F V C U O E Š U Y S O V
N E L E G A N T N Í F K L I I I
T W K X U W M L E T A D A L K S
E I F A R G O E R O H C V M U E
N U T E C H N I K A Z E S R R R
Z X M X P U B L I K U M K Y J P
I H H Ě T A N E Č N Í C I T M X
T G L Z L S T Y L Z G I B M I E
A B D U H E X A R P A Z W U T C
H D R L I S C G F G B N O S K L
E Y D N I U T K B A L E R Í N A
O R C H E S T R Ý K H R P V J V
```

DOVEDNOST
POTLESK
UMĚLECKÝ
BALERÍNA
TANEČNÍCI
SKLADATEL
CHOREOGRAFIE
EXPRESIVNÍ
GESTO
ELEGANTNÍ

INTENZITA
SVALY
HUDBA
ORCHESTR
PRAXE
ZKOUŠKA
PUBLIKUM
RYTMUS
STYL
TECHNIKA

# 82 - Paesi #1

```
J Z U N Y O K S L O P H P E H Z
D W W Ě P D D R I T W X O U N L
K M A M A N A P B P B D K S S M
H B F E I D N I Y F I N S K O A
I X H C T N Š F E T D Y N Á K L
B Z C K P T O P P N H J U R O I
R J R O Y A A R A Z E L M I R H
A B L A G E N E S N U U U H A P
Z B L P E K C U E K Ě K R I M V
Í K K B G L H Z L R O L J S A I
L J M S M K A N A D A Y S K E E
I V E N E Z U E L A X W A K I T
E V W Y S E K A M B O D Ž A O N
P L Y L V B Z D W N G Y J I V A
X P H L N K A S L Y M K I X F M
B M V L E F M X J E C Z P V V B
```

| | |
|---|---|
| BRAZÍLIE | MALI |
| KAMBODŽA | MAROKO |
| KANADA | NORSKO |
| EGYPT | PANAMA |
| FINSKO | POLSKO |
| NĚMECKO | RUMUNSKO |
| INDIE | SENEGAL |
| IRÁK | ŠPANĚLSKO |
| IZRAEL | VENEZUELA |
| LIBYE | VIETNAM |

# 83 - Geometria

```
T P Y P P F I K T E K E X F M S
V E E I P O V R C H N R D X E Y
E Z O N Č Í S L O O V Ě U E D M
R N M R V Ý Š K A O U M Í H I E
T E B F I K Ř I V K A O N X Á T
I M L G K E D B W H M P L D N R
K I W L V Ý P O Č E T J Á N F I
Á D U O A N L U Y O C F T O L E
L W K G R O V N O B Ě Ž N Ý C Y
N K M I Ú H E L L H A V O Y M V
Í S P K X Y F H D I A S Z N V G
J W K A C N Y L C D Y R I T E S
P R Ů M Ě R S I N Z E U R V A S
H U H M K Í N L E H Ú J O R T Y
O W Y I N V R C B S J W H D H Z
R O V N I C E S E G M E N T D L
```

| | |
|---|---|
| VÝŠKA | ČÍSLO |
| ÚHEL | HORIZONTÁLNÍ |
| VÝPOČET | ROVNOBĚŽNÝ |
| KRUH | POMĚR |
| KŘIVKA | SEGMENT |
| PRŮMĚR | SYMETRIE |
| DIMENZE | POVRCH |
| ROVNICE | TEORIE |
| LOGIKA | TROJÚHELNÍK |
| MEDIÁN | VERTIKÁLNÍ |

# 84 - Foresta Pluviale

```
E  H  U  R  D  B  Z  U  H  D  Z  D  N  Y  O  F
T  M  F  L  J  C  A  T  C  Ú  G  Ž  N  U  B  G
J  Y  F  P  K  X  C  M  D  U  G  U  J  M  O  B
S  Z  B  F  L  C  H  I  I  S  Y  N  T  G  J  O
P  P  E  P  B  O  O  T  C  L  T  G  S  P  Ž  T
B  Ř  O  Z  T  X  V  H  V  F  K  L  O  T  I  A
I  O  Í  L  E  B  Á  K  A  E  V  E  T  H  V  N
A  B  T  R  E  G  N  S  F  I  X  I  W  E  I
M  N  I  Y  O  Č  Í  P  Ů  V  O  D  N  Í  L  C
E  O  Ž  N  I  D  E  M  R  A  K  Y  A  C  N  K
C  V  E  O  C  O  A  N  W  W  I  S  M  E  Í  Ý
H  E  Ř  M  Á  S  J  V  S  D  P  K  Z  N  C  H
X  N  P  Ě  T  Š  I  Č  O  T  Ú  I  O  N  I  N
L  Í  U  P  P  X  K  M  N  E  V  V  R  Ý  R  D
S  W  I  O  K  O  U  Y  Z  F  W  Í  H  X  I  M
A  S  O  W  V  X  D  U  S  E  P  R  M  T  Y  U
```

| | |
|---|---|
| OBOJŽIVELNÍCI | PŘÍRODA |
| BOTANICKÝ | MRAKY |
| KLIMA | ZACHOVÁNÍ |
| SPOLEČENSTVÍ | CENNÝ |
| ROZMANITOST | OBNOVENÍ |
| DŽUNGLE | ÚTOČIŠTĚ |
| PŮVODNÍ | ÚCTA |
| HMYZ | PŘEŽITÍ |
| SAVCI | DRUH |
| MECH | PTÁCI |

# 85 - Edifici

```
L P F X P N V Ě Ž H U T W E Y I
D I V A D L O I I K O G R Y W I
M I H L Ř O T A V R E S B O J D
K U N E M O C N I C E V T Y B L
A W Z S T A N M G J T L W E C A
B X T E K R A M R E P U S U L B
I D J V U G L Z U F K B N Y O
N F U J G M O D J V F J G I J R
A K E I R C K M I I K I B V E A
O A M D M N Š H O T E L N E D T
R E D I M E R K W K M O T R D O
S T A D I Ó N I T F D X Z Z P Ř
E L R M D X C N S P Y L G I S T
F L H S R I R O G K G E I T P K
G D K F T A N R Á V O T R A M P
A W I G A L F H Z S T O D O L A
```

| | |
|---|---|
| BYT | NEMOCNICE |
| KABINA | OBSERVATOŘ |
| HRAD | HOSTEL |
| KINO | ŠKOLA |
| TOVÁRNA | STADIÓN |
| FARMA | SUPERMARKET |
| STODOLA | DIVADLO |
| HOTEL | STAN |
| LABORATOŘ | VĚŽ |
| MUZEUM | UNIVERZITA |

# 86 - Malattia

```
Í  V  A  R  D  Z  X  R  U  N  L  I  V  T  N  G
Í  N  L  Á  I  R  E  T  K  A  B  Y  G  V  E  E
L  N  E  V  Í  N  C  I  L  P  L  P  A  B  U  N
N  Y  R  S  Z  M  D  A  N  K  A  T  Z  E  R  E
B  J  G  E  O  P  R  N  P  Y  K  H  V  V  O  T
A  K  I  Y  D  G  S  D  B  V  U  K  P  B  P  I
M  D  E  E  Ý  E  I  C  R  L  T  T  E  H  A  C
O  R  R  I  V  P  B  N  S  X  N  Ě  Í  L  T  K
R  E  S  P  I  R  A  Č  N  Í  Í  U  N  C  I  Ý
D  F  I  A  L  D  Ě  D  I  Č  N  Ý  Š  Á  E  B
N  G  X  R  Ž  H  G  R  O  C  G  J  I  L  Z  A
Y  N  E  E  A  A  U  K  L  S  T  P  Ř  F  J  L
S  M  K  T  K  F  E  D  F  B  Y  Ě  B  H  N  S
W  K  P  F  A  I  M  U  N  I  T  A  L  S  Z  K
C  H  R  O  N  I  C  K  Ý  M  T  K  X  O  M  R
I  K  E  P  B  N  S  A  L  B  K  F  U  K  S  I
```

AKUTNÍ
BŘIŠNÍ
ALERGIE
BAKTERIÁLNÍ
NAKAŽLIVÝ
TĚLO
CHRONICKÝ
SRDCE
SLABÝ
DĚDIČNÝ

GENETICKÝ
IMUNITA
ZÁNĚT
BEDERNÍ
NEUROPATIE
PLICNÍ
RESPIRAČNÍ
ZDRAVÍ
SYNDROM
TERAPIE

# 87 - Paesi #2

```
J  J  A  P  O  N  S  K  O  J  D  D  X  B  R  J
L  A  D  N  A  G  U  W  C  X  Á  R  P  U  K  P
V  N  M  E  K  F  V  T  M  Z  N  Á  D  Ú  S  R
U  I  L  A  O  B  F  N  Á  T  S  I  K  Á  P  U
S  J  Á  I  J  O  P  S  L  L  K  L  F  Z  C  S
I  A  P  T  B  K  U  V  L  M  O  K  C  E  Ř  K
J  R  E  I  S  É  A  I  T  J  K  X  H  I  L  O
J  K  N  A  I  S  R  S  Ý  R  I  E  D  P  I  K
Y  U  A  H  R  V  P  I  U  X  X  K  H  O  N  M
S  X  U  P  S  V  Y  H  E  T  E  M  D  I  I  H
J  L  R  E  K  B  E  J  X  J  M  J  S  T  G  W
D  N  A  S  O  I  N  D  O  N  É  S  I  E  É  P
Z  N  G  O  A  M  S  B  C  A  V  P  C  U  R  T
G  D  E  W  S  L  E  I  U  C  T  W  W  M  I  G
J  S  V  R  J  G  G  M  M  E  L  V  E  F  E  E
A  L  B  Á  N  I  E  S  X  M  V  D  X  D  D  U
```

| | |
|---|---|
| ALBÁNIE | LIBÉRIE |
| DÁNSKO | MEXIKO |
| ETIOPIE | NEPÁL |
| JAMAJKA | NIGÉRIE |
| JAPONSKO | PÁKISTÁN |
| ŘECKO | RUSKO |
| HAITI | SÝRIE |
| INDONÉSIE | SÚDÁN |
| IRSKO | UKRAJINA |
| LAOS | UGANDA |

# 88 - Tipi di Capelli

```
K  K  S  P  C  F  S  Ý  D  Ě  N  H  E  Č  K  P
A  F  T  U  L  T  F  L  V  L  N  M  C  E  R  L
D  F  Ř  E  D  E  R  Í  T  X  O  C  A  R  Á  E
E  C  Í  P  Z  O  Š  B  N  Z  R  U  A  N  T  T
Ř  D  B  P  D  E  U  A  T  S  B  W  H  Á  K  E
U  E  R  P  R  W  K  A  T  W  G  C  L  Ý  Ý  N
S  O  O  J  A  M  L  K  E  Ý  F  G  C  K  M  É
C  T  C  S  V  D  N  Y  X  H  B  V  Á  D  E  Š
T  P  M  W  Ý  K  N  E  T  C  E  J  W  A  S  A
B  A  R  E  V  N  Ý  T  S  U  L  T  Y  L  R  U
G  V  E  K  E  L  J  I  C  S  V  B  Y  H  K  D
E  I  L  D  L  P  H  N  F  X  O  L  O  K  Y  M
P  M  M  N  R  G  W  J  D  M  O  O  N  C  F  U
J  K  W  C  I  M  C  D  T  K  S  N  I  O  E  L
G  L  G  A  B  T  M  Ě  K  K  Ý  D  E  C  F  P
U  Z  T  F  L  G  Ý  T  A  N  R  D  U  K  R  I
```

| | |
|---|---|
| STŘÍBRO | DLOUHÝ |
| SUCHÝ | HNĚDÝ |
| BÍLÝ | MĚKKÝ |
| BLOND | ČERNÁ |
| KRÁTKÝ | VLNITÝ |
| PLEŠATÝ | KUDRNATÝ |
| BAREVNÝ | KADEŘ |
| ŠEDÁ | ZDRAVÝ |
| PLETENÉ | TENKÝ |
| HLADKÝ | TLUSTÝ |

# 89 - Vestiti

```
K A B Á T D Ž Í N Y Š A T Y G K
E D N K O H T A J I M N F R M A
T Ó C A F A A N Á R A M E K M L
Á M S U K N Ě L V H T I R L W H
Š E R P V E D Y E A O R A T K O
W Y L Á D N A S Z N B W J U Í T
K Y S S G T B G O Y K B L G N Y
W V X E H R F T T Z G A U B L N
Z O S N Z V Y P F E L O I N E T
Z C R O Á N K Y Z G S M Y K D G
L J R C S J G E C I V A K U R A
Z K V X T T V D I L E Ž V O H A
V W U H Ě U I W F S T Y U B Á D
B P F L R T L X C D R P K O N L
A L R W A K O Š I L E I B L N Z
E G F C C F J V D H S B O K T W
```

ŠATY

NÁRAMEK

HALENKA

KOŠILE

KLOBOUK

KABÁT

PÁS

NÁHRDELNÍK

BUNDA

SUKNĚ

ZÁSTĚRA

RUKAVICE

DŽÍNY

SVETR

MÓDA

KALHOTY

PYŽAMO

SANDÁLY

BOTA

ŠÁTEK

# 90 - Attività e Tempo Libero

```
P H F D F X O Í Z Z U P V T K Z
M D V S R S I N E T P L O U E A
Í Y X Y U Y S Á N H F A L R M H
N F N I M C B V I V K V E I P R
Č A Y U Ě X X O B B H Á J S O A
A I K T N P O F L O G N B T V D
X V Č U Í N X R A O O Í A I Á N
A I Í D P L A U B J V N L K N I
L M N N E O M S T I C Ě J A Í Č
E W O S N N V D O L E P Y O J E
R V K B F G H Á F K S Á A O A N
B A S E B A L L N E T T D V L Í
M A L O V Á N Í A Í O O C I R N
B A S K E T B A L P V P M D X U
B I B E U Z C G Y A A I V L J B
O D E A E K R B L R T G M O T M
```

| | |
|---|---|
| UMĚNÍ | POTÁPĚNÍ |
| BASEBALL | PLAVÁNÍ |
| BASKETBAL | VOLEJBAL |
| BOX | RYBOLOV |
| FOTBAL | MALOVÁNÍ |
| KEMPOVÁNÍ | RELAXAČNÍ |
| TURISTIKA | NAKUPOVÁNÍ |
| ZAHRADNIČENÍ | SURFOVÁNÍ |
| GOLF | TENIS |
| KONÍČKY | CESTOVAT |

# 91 - Arte

```
V K U I N S P I R O V A N Ý D M
Y E P J M H P S T X E L P M O K
L R Ř P L Z D S Y J P L O Y S S
Í A Í N D O V Ů P E F P E P U G
Č M M N M T H U K D V Ř Z M R B
I I N O B R O T H N V E I Z R B
T C Ý J X O B I I O I D E L E J
S K J C H V Ř A D Z M G H A Y
H Ý X L K H S O I U U Ě V S L B
I V S X T N T V U C Á T X S I S
C W P R S N S T C H L W B A S Y
V Ý R A Z O B Y Y Ý N K Z S M M
G Y A V H Z U V B I Í C N H U B
A G S P K C M S L O Ž E N Í S O
N Á L A D A O F A V A T S O P L
V A Z H K B P S M W B V G B J C
```

| | |
|---|---|
| KERAMICKÝ | OSOBNÍ |
| KOMPLEX | POEZIE |
| SLOŽENÍ | VYLÍČIT |
| VYTVOŘIT | SOCHA |
| MALBY | JEDNODUCHÝ |
| VÝRAZ | SYMBOL |
| POSTAVA | PŘEDMĚT |
| INSPIROVANÝ | SURREALISMUS |
| UPŘÍMNÝ | NÁLADA |
| PŮVODNÍ | VIZUÁLNÍ |

# 92 - Corpo Umano

```
H  V  Z  A  M  L  V  A  H  Y  M  W  K  T  X  A
U  U  T  Y  T  O  H  C  U  T  L  S  T  I  R  R
I  V  K  Y  Y  K  K  R  K  Í  N  T  O  K  U  R
G  N  Z  O  N  E  L  O  K  N  R  X  N  Y  K  A
Z  T  Ř  Á  V  T  N  N  E  T  P  N  R  O  A  U
V  G  R  U  R  R  O  A  D  S  V  D  Y  F  H  J
K  J  Y  W  Z  Y  S  E  U  R  D  M  H  O  G  A
C  C  R  W  T  N  J  D  L  D  W  N  W  E  V  T
K  U  W  R  R  N  C  B  A  C  M  O  Z  E  K  S
R  G  A  A  D  A  R  B  Ž  E  D  W  G  Ž  C  Ú
E  R  N  M  Z  V  V  Z  C  C  L  Y  M  Ů  F  A
V  K  K  E  N  A  U  V  J  H  G  N  J  K  X  B
U  O  Z  N  A  L  L  J  U  C  P  C  S  Z  W  T
C  P  J  O  S  H  Z  B  C  T  R  R  O  S  E  K
G  X  P  A  I  Y  S  T  R  O  J  L  S  A  D  S
O  L  B  N  N  Z  H  C  J  N  H  V  N  T  C  N
```

| | |
|---|---|
| ÚSTA | RUKA |
| KOTNÍK | BRADA |
| MOZEK | NOS |
| KRK | OKO |
| SRDCE | UCHO |
| PRST | KŮŽE |
| TVÁŘ | KREV |
| NOHA | RAMENO |
| KOLENO | ŽALUDEK |
| LOKET | HLAVA |

# 93 - Mammiferi

```
Z  B  E  T  X  I  L  F  K  Z  U  K  U  Z  K  X
B  R  B  K  O  F  H  U  W  R  I  S  K  E  L  T
O  U  T  L  Ž  W  A  F  N  Z  Á  W  L  B  O  K
P  D  K  R  E  I  L  I  Š  K  A  L  C  R  K  O
E  M  Z  S  C  V  R  R  E  D  A  D  Í  A  A  J
S  Z  G  D  V  V  Y  A  L  I  R  O  G  K  N  O
N  R  Z  S  O  U  N  K  F  K  G  N  J  D  J  T
D  D  I  R  M  H  Í  Č  X  A  M  E  D  V  Ě  D
G  W  X  O  N  K  F  O  B  C  Z  L  E  O  K  Y
K  Ů  Ň  K  E  V  L  K  Ý  M  J  E  O  W  P  P
A  X  A  Y  D  C  E  F  K  O  D  J  Z  K  P  S
U  T  D  W  D  M  D  E  A  P  O  V  U  C  Z  L
U  M  H  Y  L  X  J  R  X  I  N  X  X  W  O  O
B  G  V  J  A  I  A  P  S  C  P  M  L  Y  I  N
W  X  I  M  N  O  U  S  G  E  P  M  D  M  F  J
D  J  V  E  L  R  Y  B  A  K  U  F  Y  I  V  N
```

| | |
|---|---|
| VELRYBA | ŽIRAFA |
| PES | GORILA |
| KLOKAN | LEV |
| KŮŇ | VLK |
| JELEN | MEDVĚD |
| KRÁLÍK | OVCE |
| KOJOT | OPICE |
| DELFÍN | BÝK |
| SLON | LIŠKA |
| KOČKA | ZEBRA |

# 94 - Cucina

```
S F C L S S K C S K O Ř E N Í J
K F Z R L A M B R Á L B G D R J
L D W Y E P Í E X Z D Z R H A V
E X R Z D J S V C A Í V H S X G
N U K Z N A A H V R J P S U H R
I L E L I R G S X M W N E M C V
C N T U Č Ě E J Z U A P O U E I
E K H K K T W C L Ž Í C E Ž G D
F V C Y A S Y D E R W F O D E L
S V M F B Á E O X P I K G T C I
H X O X U Z H G C M T S Í J I Č
Z O W N O T Y Č I N K Y C N V K
Y D U S R H U B R O U S E K N Y
Z U W B T T F L D Ž B Á N W O O
J K G W A K Č A R Ě B A N D K D
F F A U M V H F G F D V O N X J
```

| | |
|---|---|
| TYČINKY | LEDNIČKA |
| KONVICE | ZÁSTĚRA |
| DŽBÁN | GRIL |
| JÍDLO | JÍST |
| MÍSA | NABĚRAČKA |
| NOŽE | RECEPT |
| MRAZÁK | KOŘENÍ |
| LŽÍCE | HOUBA |
| VIDLIČKY | UBROUSEK |
| TROUBA | SKLENICE |

# 95 - Jazz

```
P X C W S I B A C R V B L T S O
V O S T Y L F X L C K S I A M B
P R T S E H C R O B N L M L O L
H O Y L Y X P V X E U Y P E H Í
S J I O E B K K J A E M R N U B
U L W G L S D Ů R A Z S O T D E
M I O B O I K S V X I U V R B N
Ě E O Ž T C K Ý R A T S I Y A É
L T A H E Ý V O N M G T Z O U Y
E X A R S N M I Á L S E A V F S
C P W Y V V Í Z Ž D P C C R K Z
T Í P W L A D R I W H E E Y U
J S U E R L U L G B F N D V V T
T E A X P S U M T Y R I F W S P
K Ň S K L A D A T E L K S B K F
K O N C E R T Z G A C A M X O H
```

ALBUM
POTLESK
UMĚLEC
PÍSEŇ
SKLADATEL
SLOŽENÍ
KONCERT
DŮRAZ
SLAVNÝ
ŽÁNR

IMPROVIZACE
HUDBA
NOVÝ
ORCHESTR
OBLÍBENÉ
RYTMUS
STYL
TALENT
TECHNIKA
STARÝ

# 96 - Vacanze #2

```
T J Z I J O S C K D P W L V N S
N Z K A W Z X F A R M E E Ř O M
T A X I U N L U O A Y K T O F C
O X A H B J Z E W R K E I V O E
P M A P A E U N H G W E Š Í L S
L E T O H C E N I Z I C T Z M T
Á D O P R A V A T S E C Ě U L O
Ž I F H Í N Á V O P M E K M D V
C T Z I C I X W X G R S A D T N
M O D Z L T G J K S G T L L C Í
O Y G U J S A Č Ý N L O V U I P
S W F M Y E D O V O L E N Á C A
T G F I M D N X X N V T G X V S
R L U H K G R E S T A U R A C E
O H K M Y B W N I V A T H O U E
V A D E G B D C H C F F S R H B
```

LETIŠTĚ
KEMPOVÁNÍ
DESTINACE
FOTKY
HOTEL
OSTROV
MAPA
MOŘE
CESTOVNÍ PAS
RESTAURACE

PLÁŽ
CIZINEC
TAXI
VOLNÝ ČAS
STAN
DOPRAVA
VLAK
DOVOLENÁ
CESTA
VÍZUM

# 97 - Attività

```
K A O Z E C H F Š C X M C I A G
U E T F A E V L I F T F D F B E
M L R L V H Y D T R S C C M V G
Ě T D A B M R U Í N E Š Ě T O P
N V H M M O S A Č T E N Í E L B
Í E P P L I H L D J M S Y O V D
A R O O L I K Z L N O J K T Z O
L K R G Í H O A D K I H P D Á V
S R T M N G W P S F U Č A Z J E
E E W I Á N C N S J R G E V M D
M L I B V O L O B Y R X G N Y N
E A U V O I V G B R A V T E Í O
Ř X U P P B T F C H M A G I E S
N A A K M E X A K I T S I R U T
L C B J E V O L N Ý Č A S H C A
R E J Y K N A D Á H F F F L H J
```

DOVEDNOST
UMĚNÍ
ŘEMESLA
AKTIVITA
LOV
KEMPOVÁNÍ
KERAMIKA
ŠITÍ
TURISTIKA
ZAHRADNIČENÍ

HRY
ZÁJMY
ČTENÍ
MAGIE
RYBOLOV
POTĚŠENÍ
HÁDANKY
RELAXACE
VOLNÝ ČAS

# 98 - Diplomazia

```
R  Y  K  N  S  N  P  G  I  T  Z  K  B  D  U  D
I  P  Í  N  T  S  O  N  Č  E  P  Z  E  B  S  I
D  Y  L  A  D  Á  L  V  N  I  D  F  L  Z  N  P
S  I  U  J  S  Z  I  I  S  G  N  J  O  Ý  E  L
P  I  S  Z  E  O  T  K  I  L  F  N  O  K  S  O
O  N  P  K  Z  L  I  G  C  E  M  U  W  S  E  M
L  T  O  D  U  W  K  P  E  J  H  P  G  N  N  A
U  E  R  P  A  S  A  É  N  A  Č  B  O  A  Í  T
P  G  A  V  H  X  E  M  A  Z  V  X  G  Č  P  I
R  R  D  E  T  I  K  A  L  Y  C  U  W  B  Z  C
Á  I  C  Z  Z  E  P  M  S  K  M  A  O  O  F  K
C  T  E  W  F  W  C  F  Y  Y  S  T  C  L  W  Ý
E  A  Ř  E  Š  E  N  Í  V  U  L  U  N  P  M  I
G  E  V  N  T  S  O  N  L  D  E  V  A  R  P  S
S  P  S  Í  V  T  S  N  E  Č  E  L  O  P  S  R
W  G  C  Y  T  D  R  D  V  K  H  R  F  R  A  B
```

VELVYSLANEC
OBČANÉ
OBČANSKÝ
SPOLEČENSTVÍ
KONFLIKT
PORADCE
SPOLUPRÁCE
DIPLOMATICKÝ
DISKUSE
ETIKA

SPRAVEDLNOST
VLÁDA
INTEGRITA
JAZYKY
POLITIKA
USNESENÍ
BEZPEČNOSTNÍ
ŘEŠENÍ
SMLOUVA

# 99 - Forniture Artistiche

```
H B O W Y E R G Z O P K O B K T
A U I N K O U S T P A A D O V V
D O M L Í C N A Á G P R P L N O
L Y J E L O S X R G Í T J V E Ř
E S J P H F T E A U R Á V C X I
J X X I U R O P P M A Č B L J V
A N O D É D J H A A Ž E T H U O
K S E L N D A G O X G I I T N S
B V F O Ě K N Y T U O D D R K T
R W S D V W D X O R G N S L Y J
N V I V E Z P E F X A Á K Ů E Í
T P V H Ř A O X X J C P N T F L
H U Y O D K A S D T W A S S P B
J M Ž P A S T E L Y A D D F G S
I U N K W I J J D H J Y V R A B
A Y O L Y R K A K V A R E L Y T
```

| | |
|---|---|
| VODA | GUMA |
| AKVARELY | NÁPADY |
| AKRYL | INKOUST |
| JÍL | TUŽKY |
| DŘEVĚNÉ UHLÍ | OLEJ |
| PAPÍR | PASTELY |
| STOJAN | ŽIDLE |
| LEPIDLO | KARTÁČE |
| BARVY | STŮL |
| TVOŘIVOST | FOTOAPARÁT |

# 100 - Misurazioni

```
X R G H K V Y W A H P G C E R X
B A J T M G R A M W A K L É D Š
D K D L F O U S K A L F X D T Í
X Š F Z D V T X T A E R M E J Ř
J Ý S M F R I N V U C L Z S S K
P V X L W J A Ó O P P I W E L A
F C X W M H M T P S S E X T C T
J V T V P S C B S B T C Ň I G U
L E L J W N Z E F V H N G N R N
K I L O G R A M N D F U P N L I
M B D G G A T U F T S U R Ý J M
C C H H N B N R O R I V M P C R
P M E T R M I H R T E M O L I K
L I T R R R P O B J E M E E G U
V W Z D A S R Y O E W F N T H W
E K I H L O U B K A L W T T R N
```

| | |
|---|---|
| VÝŠKA | DÉLKA |
| BAJT | METR |
| CENTIMETR | MINUTA |
| KILOGRAM | UNCE |
| KILOMETR | HMOTNOST |
| DESETINNÝ | PINTA |
| STUPEŇ | PALEC |
| GRAM | HLOUBKA |
| ŠÍŘKA | TÓN |
| LITR | OBJEM |

## 1 - Salute e Benessere #2

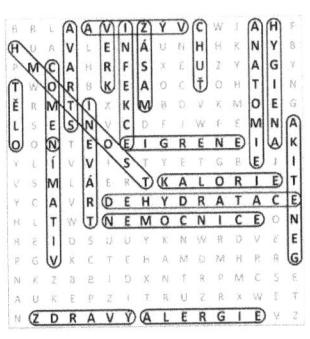

## 2 - Aggettivi #2

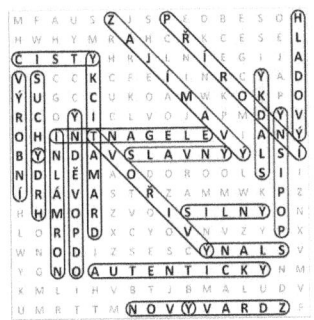

## 3 - Ingegneria

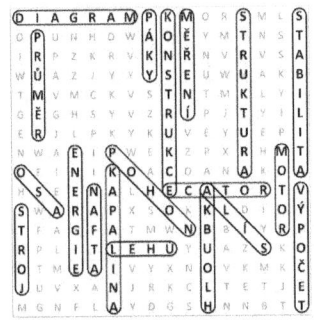

## 4 - Archeologia

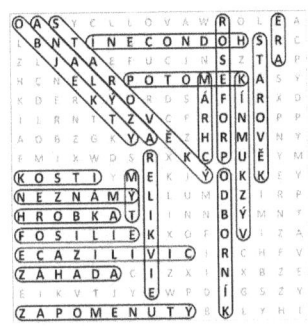

## 5 - Salute e Benessere #1

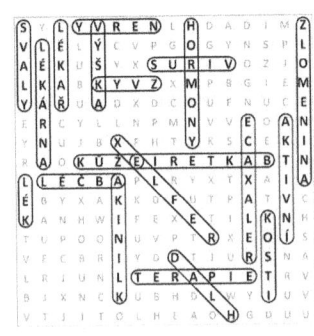

## 6 - Aggettivi #1

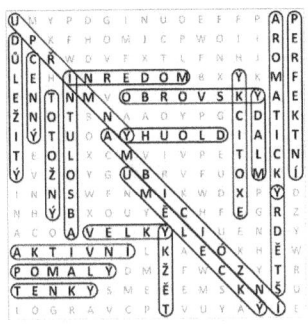

## 7 - Geologia

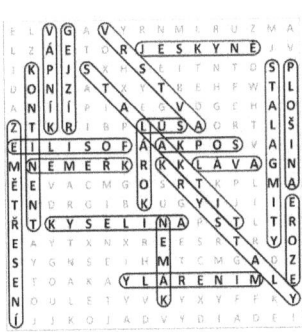

## 8 - Campeggio

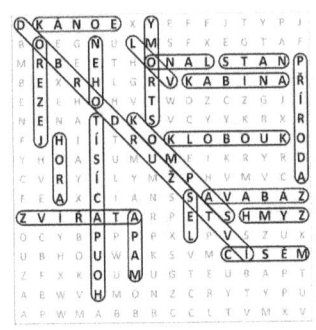

## 9 - Arti Visive

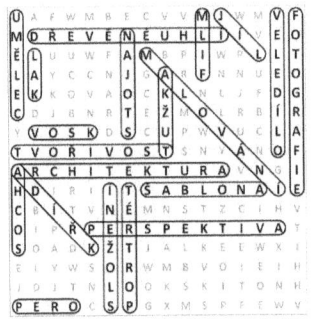

## 10 - Tempo

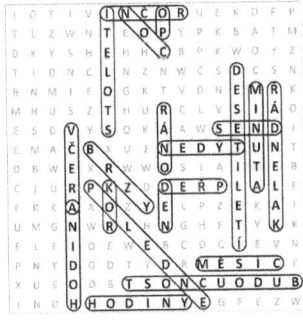

## 11 - Astronomia

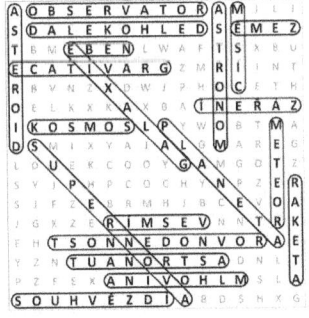

## 12 - Algebra

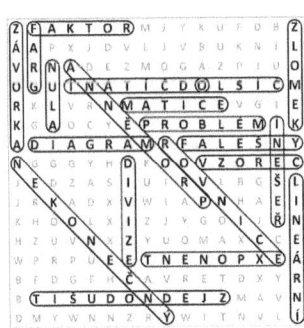

## 13 - Mitologia

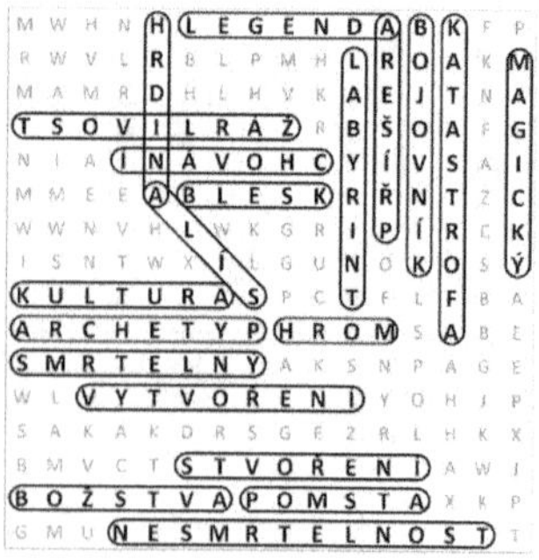

## 14 - Piante

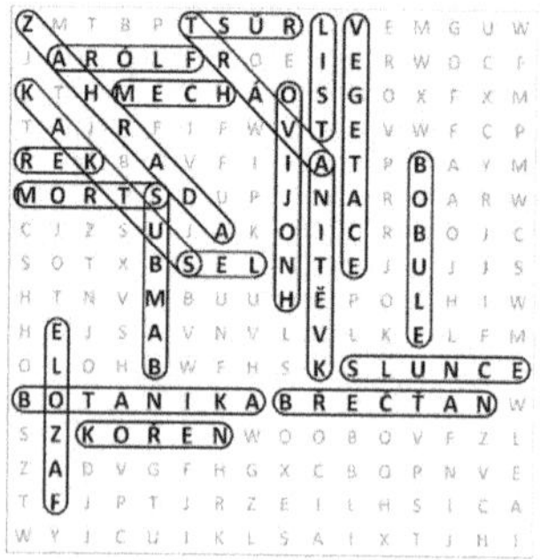

## 15 - Spezie

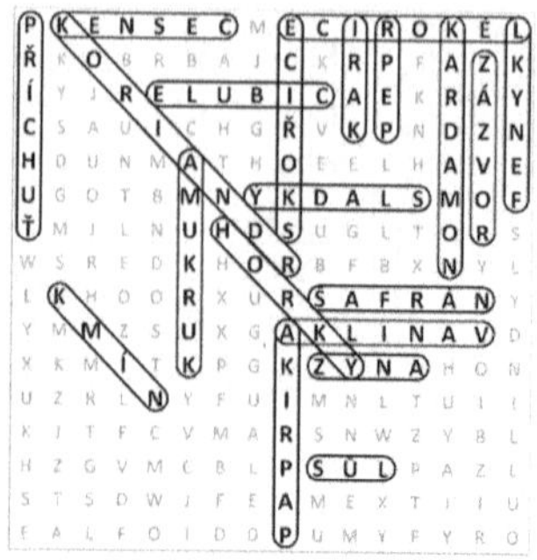

## 16 - Numeri

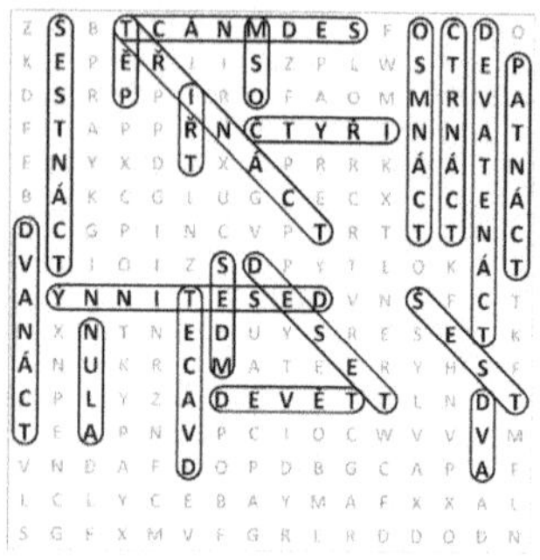

## 17 - Cioccolato

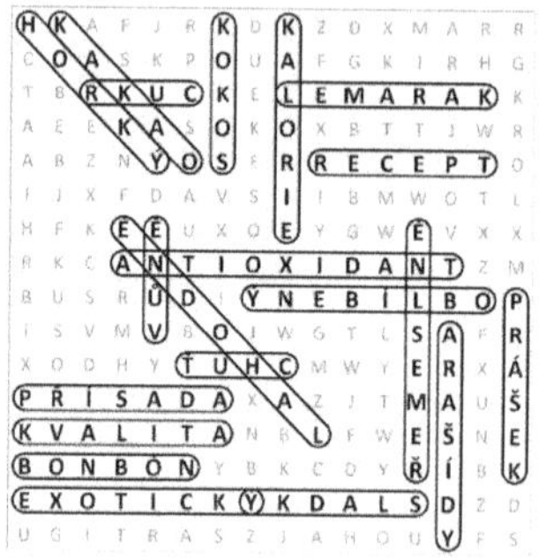

## 18 - Guida

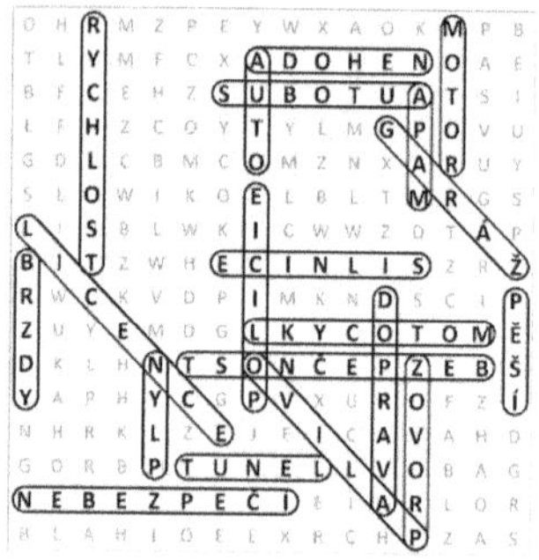

## 19 - I Media

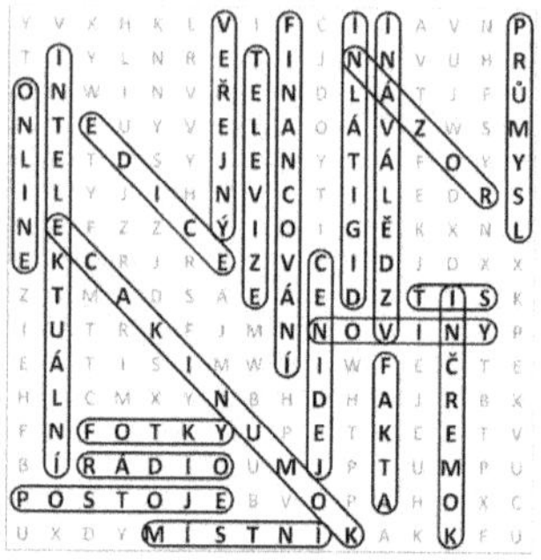

## 20 - Forza e Gravità

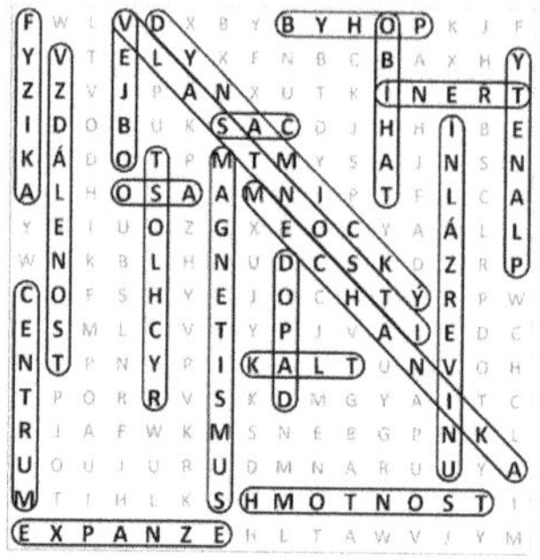

## 21 - Caffè

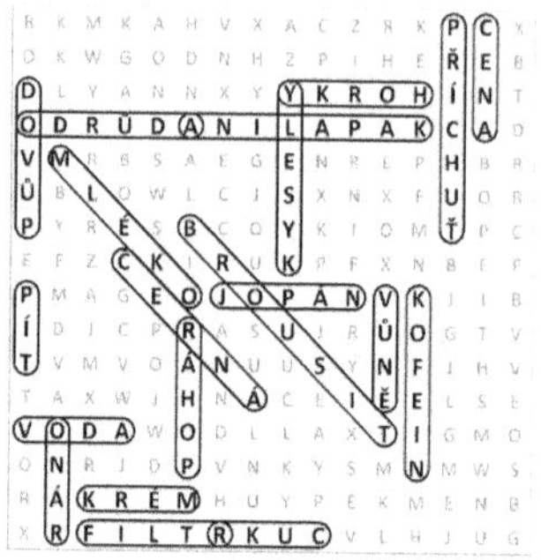

## 22 - Uccelli

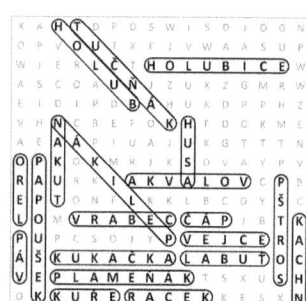

## 23 - Giorni e Mesi

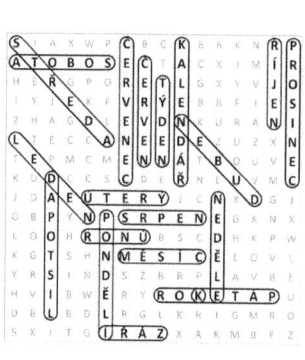

## 24 - Casa

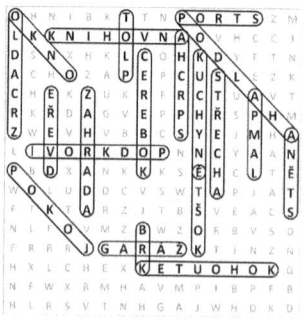

## 25 - Ristorante #1

## 26 - Fantascienza

## 27 - Città

## 28 - Fattoria #1

## 29 - Psicologia

## 30 - Paesaggi

## 31 - Energia

## 32 - Ristorante #2

## 33 - Moda

## 34 - L'Azienda

## 35 - Giardino

## 36 - Riscaldamento Gl

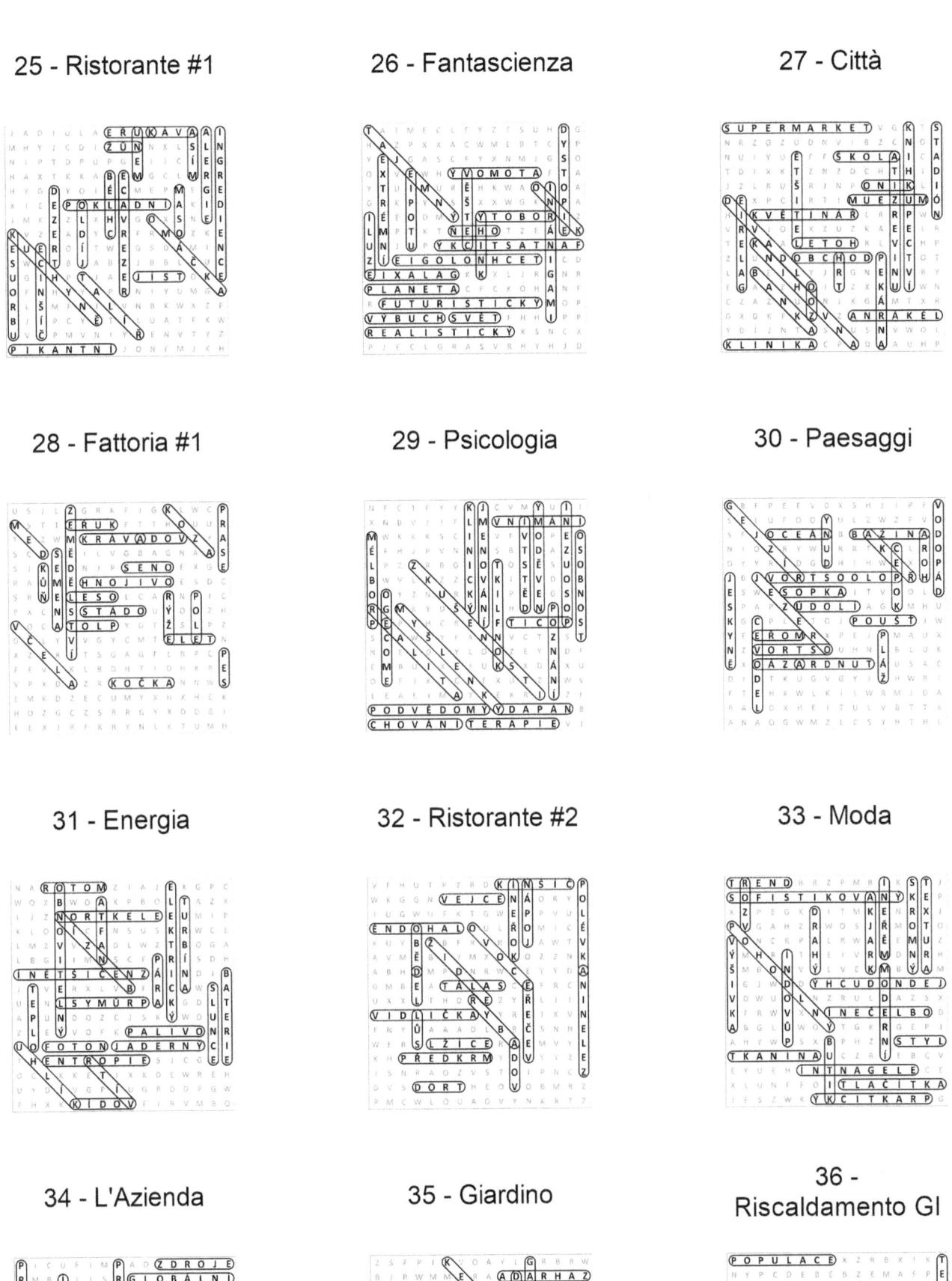

## 37 - Frutta

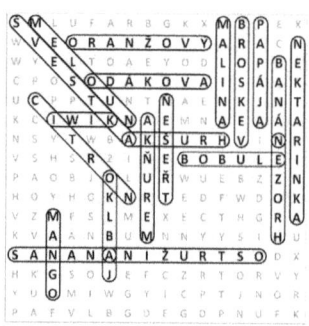

## 38 - Fattoria #2

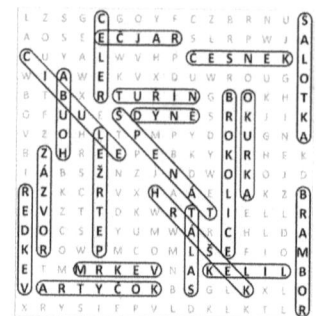

## 39 - Verdure

## 40 - Musica

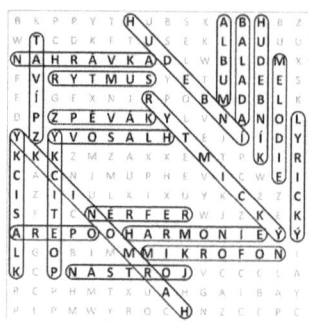

## 41 - Barbecue

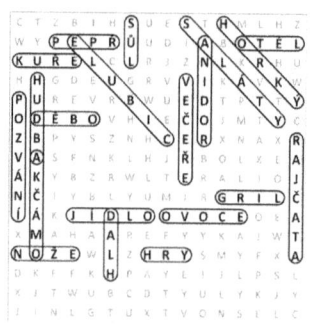

## 42 - Fisica

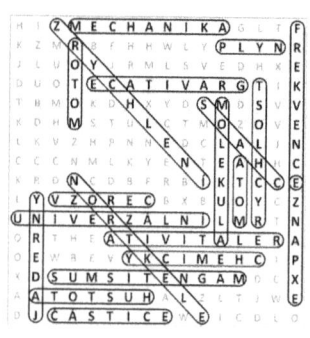

## 43 - Agronomia

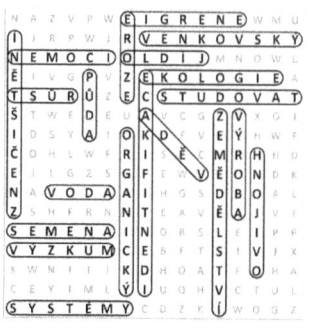

## 44 - Erboristeria

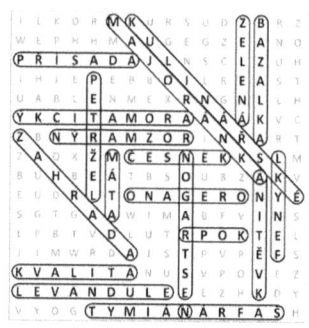

## 45 - Biologia

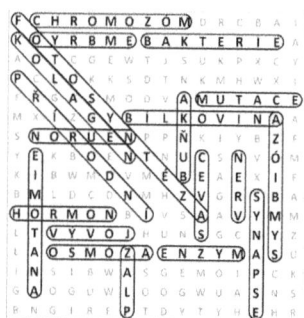

## 46 - Attività Commerciale

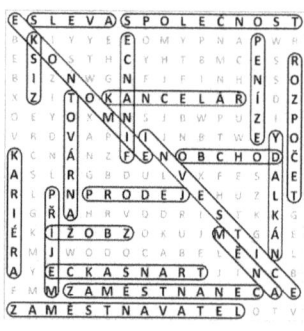

## 47 - Fiori

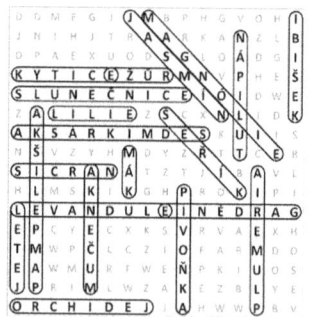

## 48 - Filantropia

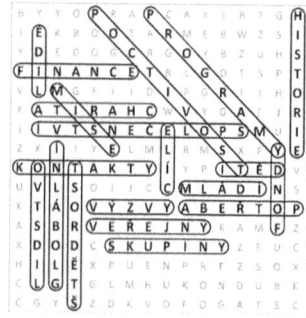

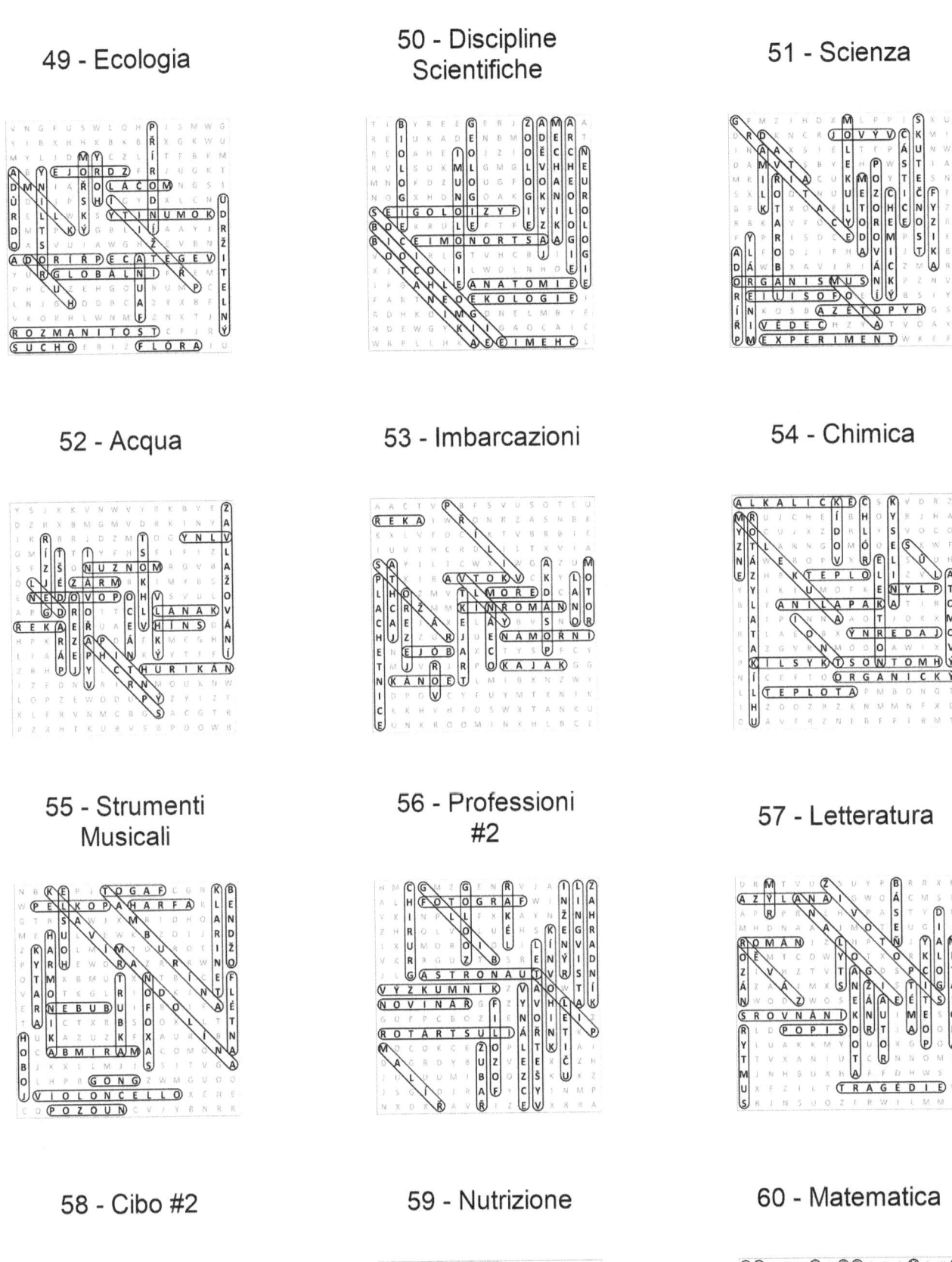

## 49 - Ecologia

## 50 - Discipline Scientifiche

## 51 - Scienza

## 52 - Acqua

## 53 - Imbarcazioni

## 54 - Chimica

## 55 - Strumenti Musicali

## 56 - Professioni #2

## 57 - Letteratura

## 58 - Cibo #2

## 59 - Nutrizione

## 60 - Matematica

## 61 - Meditazione

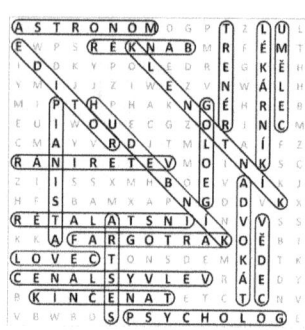

## 62 - Antiquariato

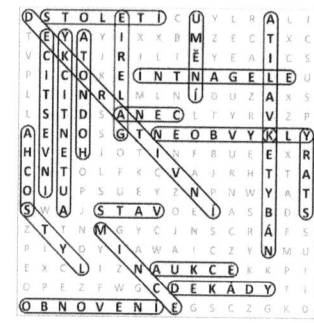

## 63 - Escursionismo

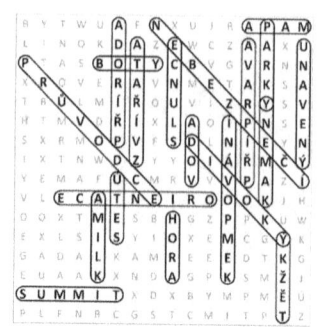

## 64 - Professioni #1

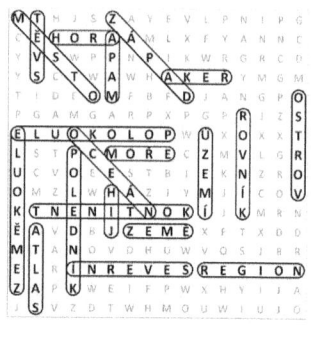

## 65 - Antartide

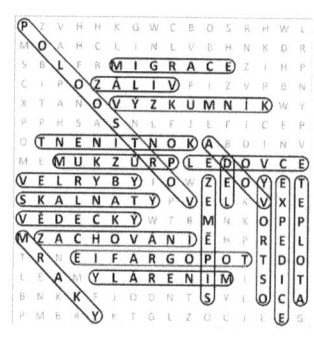

## 66 - Libri

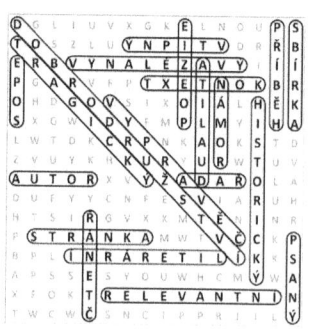

## 67 - Geografia

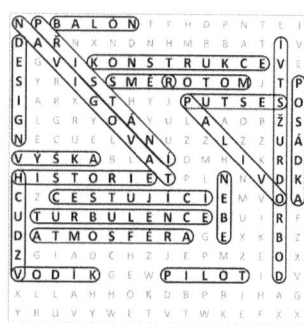

## 68 - Cibo #1

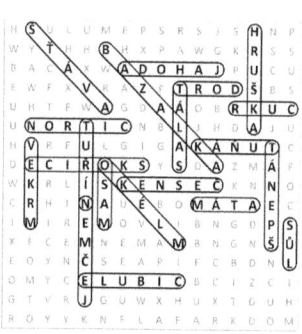

## 69 - Etica

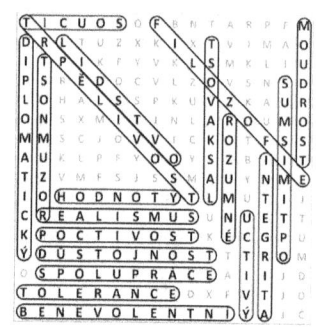

## 70 - Aeroplani

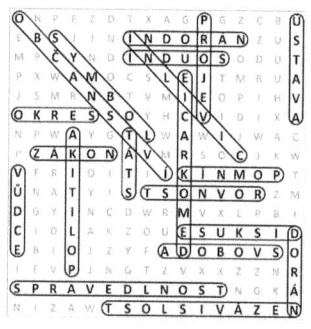

## 71 - Governo

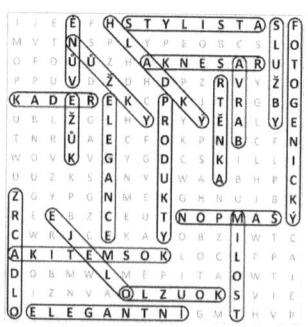

## 72 - Bellezza

## 73 - Avventura

## 74 - Forme

## 75 - Oceano

## 76 - Famiglia

## 77 - Creatività

## 78 - Veicoli

## 79 - Emozioni

## 80 - Natura

## 81 - Balletto

## 82 - Paesi #1

## 83 - Geometria

## 84 - Foresta Pluviale

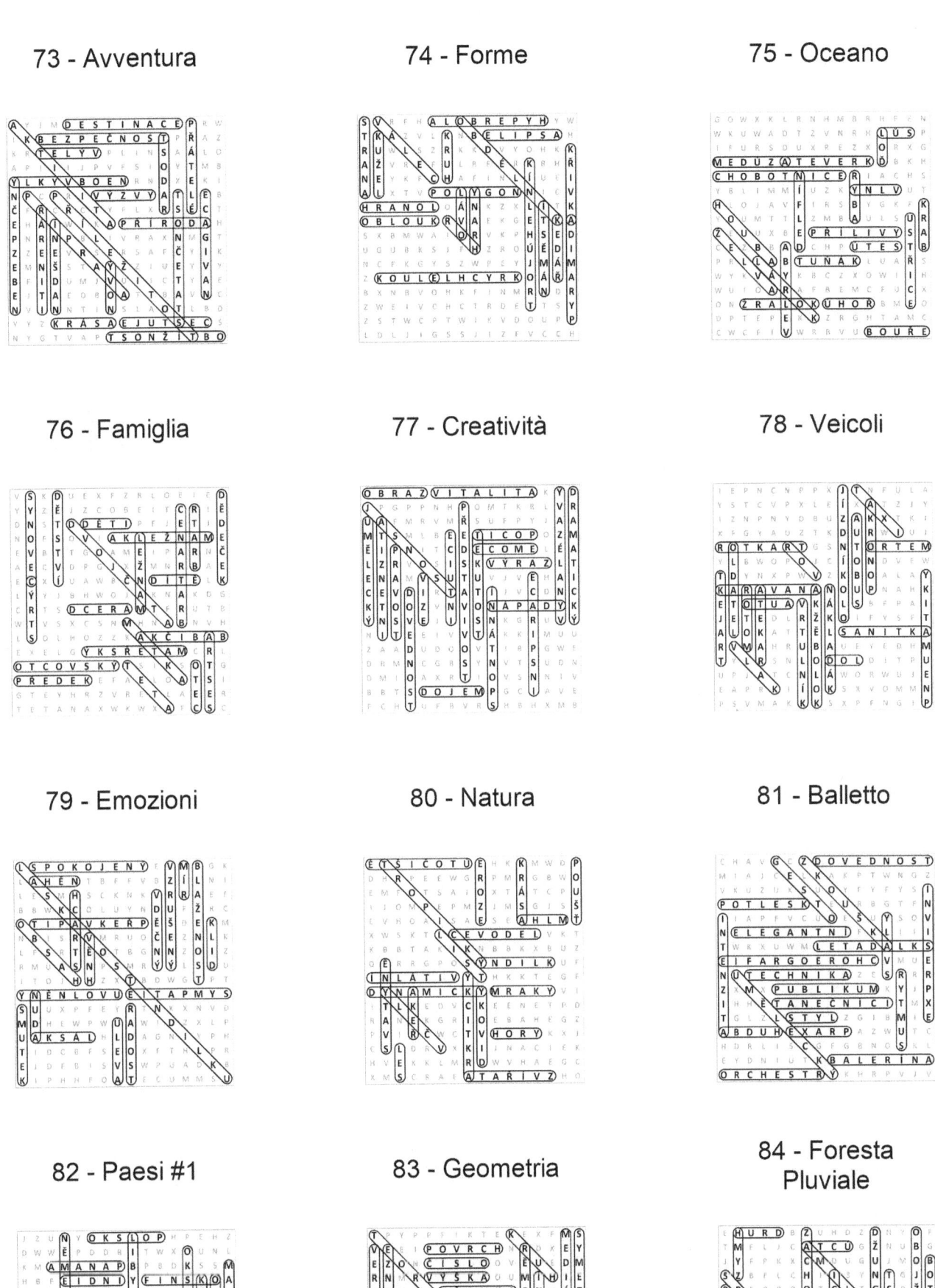

## 85 - Edifici

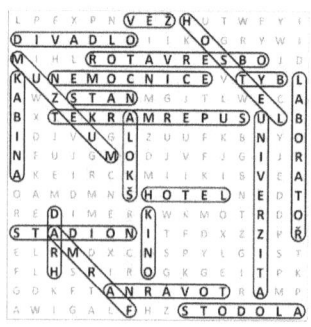

## 86 - Malattia

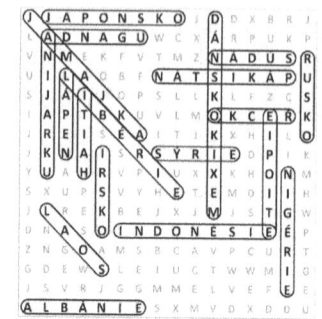

## 87 - Paesi #2

## 88 - Tipi di Capelli

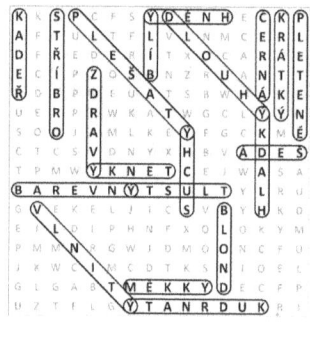

## 89 - Vestiti

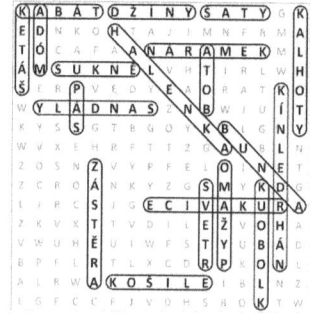

## 90 - Attività e Tempo Libero

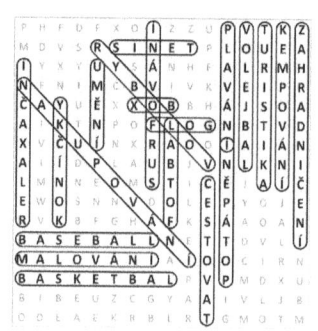

## 91 - Arte

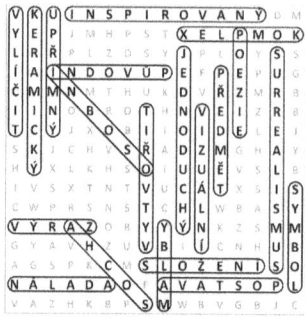

## 92 - Corpo Umano

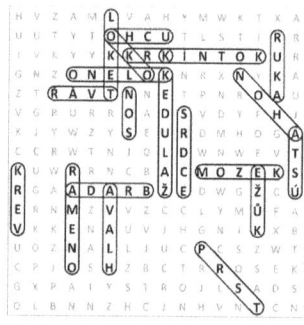

## 93 - Mammiferi

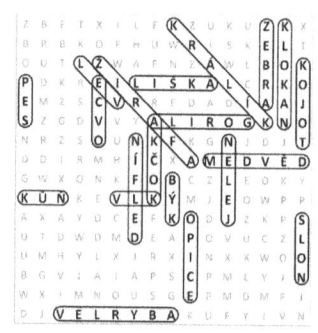

## 94 - Cucina

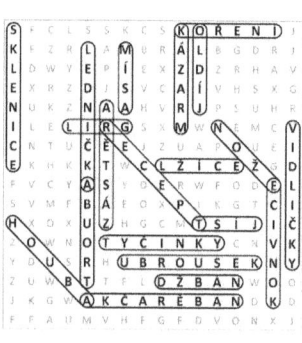

## 95 - Jazz

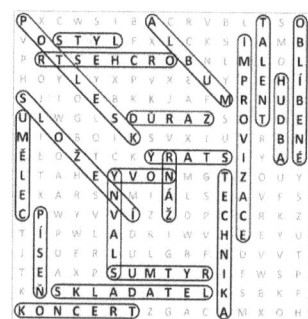

## 96 - Vacanze #2

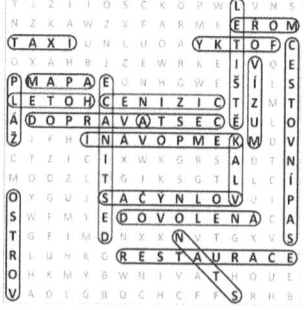

## 97 - Attività

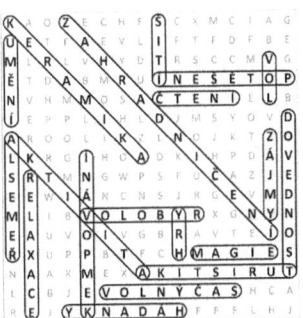

## 98 - Diplomazia

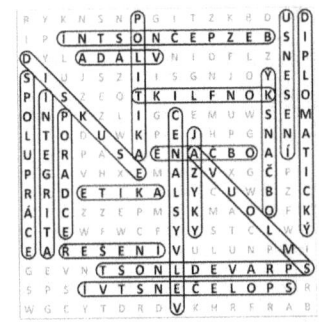

## 99 - Forniture Artistiche

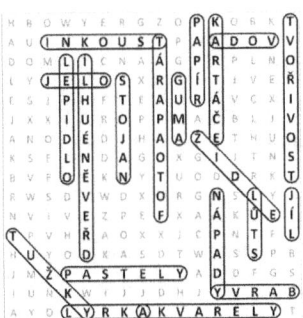

## 100 - Misurazioni

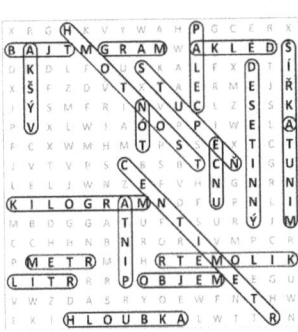

# Dizionario

## Acqua
### Vodní

|  |  |
|---|---|
| Alluvione | Povodeň |
| Canale | Kanál |
| Doccia | Sprcha |
| Evaporazione | Vypařování |
| Fiume | Řeka |
| Gelo | Mráz |
| Geyser | Gejzír |
| Ghiaccio | Led |
| Irrigazione | Zavlažování |
| Lago | Jezero |
| Monsone | Monzun |
| Neve | Sníh |
| Oceano | Oceán |
| Onde | Vlny |
| Pioggia | Déšť |
| Potabile | Pitný |
| Umidità | Vlhkost |
| Umido | Vlhký |
| Uragano | Hurikán |
| Vapore | Pára |

## Aeroplani
### Letadla

|  |  |
|---|---|
| Altezza | Výška |
| Aria | Vzduch |
| Atmosfera | Atmosféra |
| Atterraggio | Přistání |
| Avventura | Dobrodružství |
| Carburante | Palivo |
| Cielo | Nebe |
| Costruzione | Konstrukce |
| Design | Design |
| Direzione | Směr |
| Discesa | Sestup |
| Equipaggio | Posádka |
| Idrogeno | Vodík |
| Motore | Motor |
| Navigare | Navigovat |
| Palloncino | Balón |
| Passeggero | Cestující |
| Pilota | Pilot |
| Storia | Historie |
| Turbolenza | Turbulence |

## Aggettivi #1
### Přídavná Jména #1

|  |  |
|---|---|
| Ambizioso | Ambiciózní |
| Aromatico | Aromatický |
| Artistico | Umělecký |
| Assoluto | Absolutní |
| Attivo | Aktivní |
| Enorme | Obrovský |
| Esotico | Exotický |
| Generoso | Štědrý |
| Giovane | Mladý |
| Grande | Velký |
| Identico | Totožný |
| Importante | Důležitý |
| Lento | Pomalý |
| Lungo | Dlouhý |
| Moderno | Moderní |
| Onesto | Upřímný |
| Perfetto | Perfektní |
| Pesante | Těžký |
| Prezioso | Cenný |
| Sottile | Tenký |

## Aggettivi #2
### Přídavná Jména #2

|  |  |
|---|---|
| Affamato | Hladový |
| Asciutto | Suchý |
| Autentico | Autentický |
| Creativo | Tvořivý |
| Descrittivo | Popisný |
| Dolce | Sladký |
| Drammatico | Dramatický |
| Elegante | Elegantní |
| Famoso | Slavný |
| Forte | Silný |
| Interessante | Zajímavý |
| Naturale | Přírodní |
| Normale | Normální |
| Nuovo | Nový |
| Orgoglioso | Hrdý |
| Produttivo | Výrobní |
| Puro | Čistý |
| Responsabile | Odpovědný |
| Salato | Slaný |
| Sano | Zdravý |

## Agronomia
### Agronomie

|  |  |
|---|---|
| Acqua | Voda |
| Agricoltura | Zemědělství |
| Cibo | Jídlo |
| Crescita | Růst |
| Ecologia | Ekologie |
| Energia | Energie |
| Erosione | Eroze |
| Fertilizzante | Hnojivo |
| Identificazione | Identifikace |
| Inquinamento | Znečištění |
| Malattie | Nemoci |
| Organico | Organický |
| Produzione | Výroba |
| Ricerca | Výzkum |
| Rurale | Venkovský |
| Scienza | Věda |
| Semi | Semena |
| Sistemi | Systémy |
| Studio | Studovat |
| Suolo | Půda |

## Algebra
### Algebry

|  |  |
|---|---|
| Diagramma | Diagram |
| Divisione | Divize |
| Equazione | Rovnice |
| Esponente | Exponent |
| Falso | Falešný |
| Fattore | Faktor |
| Formula | Vzorec |
| Frazione | Zlomek |
| Grafico | Graf |
| Infinito | Nekonečný |
| Lineare | Lineární |
| Matrice | Matice |
| Numero | Číslo |
| Parentesi | Závorka |
| Problema | Problém |
| Semplificare | Zjednodušit |
| Soluzione | Řešení |
| Sottrazione | Odčítání |
| Variabile | Proměnná |
| Zero | Nula |

## Antartide
### Antarktida

| | |
|---|---|
| **Acqua** | Voda |
| **Baia** | Záliv |
| **Balene** | Velryby |
| **Conservazione** | Zachování |
| **Continente** | Kontinent |
| **Esplorazione** | Průzkum |
| **Geografia** | Zeměpis |
| **Ghiacciai** | Ledovce |
| **Ghiaccio** | Led |
| **Isole** | Ostrovy |
| **Migrazione** | Migrace |
| **Minerali** | Minerály |
| **Nuvole** | Mraky |
| **Penisola** | Poloostrov |
| **Ricercatore** | Výzkumník |
| **Roccioso** | Skalnatý |
| **Scientifico** | Vědecký |
| **Spedizione** | Expedice |
| **Temperatura** | Teplota |
| **Topografia** | Topografie |

## Antiquariato
### Starožitnosti

| | |
|---|---|
| **Arte** | Umění |
| **Asta** | Aukce |
| **Autentico** | Autentický |
| **Condizione** | Stav |
| **Decenni** | Dekády |
| **Decorativo** | Dekorativní |
| **Elegante** | Elegantní |
| **Galleria** | Galerie |
| **Insolito** | Neobvyklý |
| **Investimento** | Investice |
| **Mobilio** | Nábytek |
| **Monete** | Mince |
| **Prezzo** | Cena |
| **Qualità** | Kvalita |
| **Restauro** | Obnovení |
| **Scultura** | Socha |
| **Secolo** | Století |
| **Stile** | Styl |
| **Valore** | Hodnota |
| **Vecchio** | Starý |

## Archeologia
### Archeologie

| | |
|---|---|
| **Analisi** | Analýza |
| **Antichità** | Starověk |
| **Antico** | Starověký |
| **Civiltà** | Civilizace |
| **Dimenticato** | Zapomenutý |
| **Discendente** | Potomek |
| **Era** | Éra |
| **Esperto** | Odborník |
| **Fossile** | Fosilie |
| **Mistero** | Záhada |
| **Oggetti** | Objekty |
| **Ossa** | Kosti |
| **Professore** | Profesor |
| **Reliquia** | Relikvie |
| **Ricercatore** | Výzkumník |
| **Sconosciuto** | Neznámý |
| **Squadra** | Tým |
| **Tempio** | Chrám |
| **Tomba** | Hrobka |
| **Valutazione** | Hodnocení |

## Arte
### Umění

| | |
|---|---|
| **Ceramica** | Keramický |
| **Complesso** | Komplex |
| **Composizione** | Složení |
| **Creare** | Vytvořit |
| **Dipinti** | Malby |
| **Espressione** | Výraz |
| **Figura** | Postava |
| **Ispirato** | Inspirovaný |
| **Onesto** | Upřímný |
| **Originale** | Původní |
| **Personale** | Osobní |
| **Poesia** | Poezie |
| **Ritrarre** | Vylíčit |
| **Scultura** | Socha |
| **Semplice** | Jednoduchý |
| **Simbolo** | Symbol |
| **Soggetto** | Předmět |
| **Surrealismo** | Surrealismus |
| **Umore** | Nálada |
| **Visivo** | Vizuální |

## Arti Visive
### Výtvarné Umění

| | |
|---|---|
| **Architettura** | Architektura |
| **Argilla** | Jíl |
| **Artista** | Umělec |
| **Capolavoro** | Veledílo |
| **Carbone** | Dřevěné Uhlí |
| **Cavalletto** | Stojan |
| **Cera** | Vosk |
| **Composizione** | Složení |
| **Creatività** | Tvořivost |
| **Film** | Film |
| **Fotografia** | Fotografie |
| **Gesso** | Křída |
| **Matita** | Tužka |
| **Penna** | Pero |
| **Pittura** | Malování |
| **Prospettiva** | Perspektiva |
| **Ritratto** | Portrét |
| **Scultura** | Socha |
| **Stampino** | Šablona |
| **Vernice** | Lak |

## Astronomia
### Astronomie

| | |
|---|---|
| **Asteroide** | Asteroid |
| **Astronauta** | Astronaut |
| **Astronomo** | Astronom |
| **Cielo** | Nebe |
| **Cosmo** | Kosmos |
| **Costellazione** | Souhvězdí |
| **Equinozio** | Rovnodennost |
| **Galassia** | Galaxie |
| **Gravità** | Gravitace |
| **Luna** | Měsíc |
| **Meteora** | Meteor |
| **Nebulosa** | Mlhovina |
| **Osservatorio** | Observatoř |
| **Pianeta** | Planeta |
| **Radiazione** | Záření |
| **Razzo** | Raketa |
| **Supernova** | Supernova |
| **Telescopio** | Dalekohled |
| **Terra** | Země |
| **Universo** | Vesmír |

## Attività
### Aktivity

| | |
|---|---|
| **Abilità** | Dovednost |
| **Arte** | Umění |
| **Artigianato** | Řemesla |
| **Attività** | Aktivita |
| **Caccia** | Lov |
| **Campeggio** | Kempování |
| **Ceramica** | Keramika |
| **Cucire** | Šití |
| **Escursioni** | Turistika |
| **Fotografia** | Fotografování |
| **Giardinaggio** | Zahradničení |
| **Giochi** | Hry |
| **Interessi** | Zájmy |
| **Lettura** | Čtení |
| **Magia** | Magie |
| **Pesca** | Rybolov |
| **Piacere** | Potěšení |
| **Puzzle** | Hádanky |
| **Rilassamento** | Relaxace |
| **Tempo Libero** | Volný Čas |

## Attività Commerciale
### Podnikání

| | |
|---|---|
| **Bilancio** | Rozpočet |
| **Carriera** | Kariéra |
| **Costo** | Náklady |
| **Datore di Lavoro** | Zaměstnavatel |
| **Dipendente** | Zaměstnanec |
| **Economia** | Ekonomie |
| **Fabbrica** | Továrna |
| **Finanza** | Finance |
| **Investimento** | Investice |
| **Merce** | Zboží |
| **Negozio** | Obchod |
| **Profitto** | Zisk |
| **Reddito** | Příjem |
| **Sconto** | Sleva |
| **Società** | Společnost |
| **Soldi** | Peníze |
| **Transazione** | Transakce |
| **Ufficio** | Kancelář |
| **Valuta** | Měna |
| **Vendita** | Prodej |

## Attività e Tempo Libero
### Aktivity a Volný Čas

| | |
|---|---|
| **Arte** | Umění |
| **Baseball** | Baseball |
| **Basket** | Basketbal |
| **Boxe** | Box |
| **Calcio** | Fotbal |
| **Campeggio** | Kempování |
| **Escursioni** | Turistika |
| **Giardinaggio** | Zahradničení |
| **Golf** | Golf |
| **Hobby** | Koníčky |
| **Immersione** | Potápění |
| **Nuoto** | Plavání |
| **Pallavolo** | Volejbal |
| **Pesca** | Rybolov |
| **Pittura** | Malování |
| **Rilassante** | Relaxační |
| **Shopping** | Nakupování |
| **Surf** | Surfování |
| **Tennis** | Tenis |
| **Viaggio** | Cestovat |

## Avventura
### Dobrodružství

| | |
|---|---|
| **Amici** | Přátelé |
| **Attività** | Aktivita |
| **Bellezza** | Krása |
| **Coraggio** | Statečnost |
| **Destinazione** | Destinace |
| **Difficoltà** | Obtížnost |
| **Entusiasmo** | Nadšení |
| **Escursione** | Výlet |
| **Gioia** | Radost |
| **Insolito** | Neobvyklý |
| **Itinerario** | Itinerář |
| **Natura** | Příroda |
| **Navigazione** | Navigace |
| **Nuovo** | Nový |
| **Opportunità** | Příležitost |
| **Pericoloso** | Nebezpečný |
| **Preparazione** | Příprava |
| **Sfide** | Výzvy |
| **Sicurezza** | Bezpečnost |
| **Viaggi** | Cestuje |

## Balletto
### Baletu

| | |
|---|---|
| **Abilità** | Dovednost |
| **Applauso** | Potlesk |
| **Artistico** | Umělecký |
| **Ballerina** | Balerína |
| **Ballerini** | Tanečníci |
| **Compositore** | Skladatel |
| **Coreografia** | Choreografie |
| **Espressivo** | Expresivní |
| **Gesto** | Gesto |
| **Grazioso** | Elegantní |
| **Intensità** | Intenzita |
| **Muscoli** | Svaly |
| **Musica** | Hudba |
| **Orchestra** | Orchestr |
| **Pratica** | Praxe |
| **Prova** | Zkouška |
| **Pubblico** | Publikum |
| **Ritmo** | Rytmus |
| **Stile** | Styl |
| **Tecnica** | Technika |

## Barbecue
### Grilování

| | |
|---|---|
| **Caldo** | Horký |
| **Cena** | Večeře |
| **Cibo** | Jídlo |
| **Cipolle** | Cibule |
| **Coltelli** | Nože |
| **Estate** | Léto |
| **Fame** | Hlad |
| **Famiglia** | Rodina |
| **Frutta** | Ovoce |
| **Giochi** | Hry |
| **Griglia** | Gril |
| **Insalate** | Saláty |
| **Invito** | Pozvání |
| **Musica** | Hudba |
| **Pepe** | Pepř |
| **Pollo** | Kuře |
| **Pomodori** | Rajčata |
| **Pranzo** | Oběd |
| **Sale** | Sůl |
| **Salsa** | Omáčka |

## Bellezza
### Krása

| | |
|---|---|
| **Colore** | Barva |
| **Cosmetici** | Kosmetika |
| **Elegante** | Elegantní |
| **Eleganza** | Elegance |
| **Fascino** | Kouzlo |
| **Forbici** | Nůžky |
| **Fotogenico** | Fotogenický |
| **Fragranza** | Vůně |
| **Grazia** | Milost |
| **Liscio** | Hladký |
| **Mascara** | Řasenka |
| **Oli** | Oleje |
| **Pelle** | Kůže |
| **Prodotti** | Produkty |
| **Riccioli** | Kadeř |
| **Rossetto** | Rtěnka |
| **Servizi** | Služby |
| **Shampoo** | Šampon |
| **Specchio** | Zrcadlo |
| **Stilista** | Stylista |

## Biologia
### Biologie

| | |
|---|---|
| **Anatomia** | Anatomie |
| **Batteri** | Bakterie |
| **Cellula** | Buňka |
| **Collagene** | Kolagen |
| **Cromosoma** | Chromozóm |
| **Embrione** | Embryo |
| **Enzima** | Enzym |
| **Evoluzione** | Vývoj |
| **Fotosintesi** | Fotosyntéza |
| **Mammifero** | Savec |
| **Mutazione** | Mutace |
| **Naturale** | Přírodní |
| **Nervo** | Nerv |
| **Neurone** | Neuron |
| **Ormone** | Hormon |
| **Osmosi** | Osmóza |
| **Proteina** | Bílkovina |
| **Rettile** | Plaz |
| **Simbiosi** | Symbióza |
| **Sinapsi** | Synapse |

## Caffè
### Káva

| | |
|---|---|
| **Acido** | Kyselý |
| **Acqua** | Voda |
| **Amaro** | Horký |
| **Aroma** | Vůně |
| **Bere** | Pít |
| **Bevanda** | Nápoj |
| **Caffeina** | Kofein |
| **Crema** | Krém |
| **Filtro** | Filtr |
| **Gusto** | Příchuť |
| **Latte** | Mléko |
| **Liquido** | Kapalina |
| **Macinare** | Brousit |
| **Mattina** | Ráno |
| **Nero** | Černá |
| **Origine** | Původ |
| **Prezzo** | Cena |
| **Tazza** | Pohár |
| **Varietà** | Odrůda |
| **Zucchero** | Cukr |

## Campeggio
### Kempování

| | |
|---|---|
| **Alberi** | Stromy |
| **Amaca** | Houpací Sít |
| **Animali** | Zvířata |
| **Avventura** | Dobrodružství |
| **Bussola** | Kompas |
| **Cabina** | Kabina |
| **Caccia** | Lov |
| **Canoa** | Kánoe |
| **Cappello** | Klobouk |
| **Corda** | Lano |
| **Divertimento** | Zábava |
| **Foresta** | Les |
| **Fuoco** | Oheň |
| **Insetto** | Hmyz |
| **Lago** | Jezero |
| **Luna** | Měsíc |
| **Mappa** | Mapa |
| **Montagna** | Hora |
| **Natura** | Příroda |
| **Tenda** | Stan |

## Casa
### Dům

| | |
|---|---|
| **Attico** | Podkroví |
| **Biblioteca** | Knihovna |
| **Camera** | Pokoj |
| **Camino** | Krb |
| **Cucina** | Kuchyně |
| **Doccia** | Sprcha |
| **Finestra** | Okno |
| **Garage** | Garáž |
| **Giardino** | Zahrada |
| **Lampada** | Lampa |
| **Parete** | Stěna |
| **Pavimento** | Podlaha |
| **Porta** | Dveře |
| **Recinto** | Plot |
| **Rubinetto** | Kohoutek |
| **Scopa** | Koště |
| **Soffitto** | Strop |
| **Specchio** | Zrcadlo |
| **Tappeto** | Koberec |
| **Tetto** | Střecha |

## Chimica
### Chemie

| | |
|---|---|
| **Acido** | Kyselina |
| **Alcalino** | Alkalické |
| **Atomico** | Atomový |
| **Calore** | Teplo |
| **Carbonio** | Uhlík |
| **Catalizzatore** | Katalyzátor |
| **Cloro** | Chlór |
| **Elettrone** | Elektron |
| **Enzima** | Enzym |
| **Gas** | Plyn |
| **Idrogeno** | Vodík |
| **Ione** | Iont |
| **Liquido** | Kapalina |
| **Molecola** | Molekula |
| **Nucleare** | Jaderný |
| **Organico** | Organický |
| **Ossigeno** | Kyslík |
| **Peso** | Hmotnost |
| **Sale** | Sůl |
| **Temperatura** | Teplota |

## Cibo #1
### Potraviny #1

|  |  |
|---|---|
| Aglio | Česnek |
| Basilico | Bazalka |
| Cannella | Skořice |
| Carne | Maso |
| Carota | Mrkev |
| Cipolla | Cibule |
| Fragola | Jahoda |
| Insalata | Salát |
| Latte | Mléko |
| Limone | Citron |
| Menta | Máta |
| Orzo | Ječmen |
| Pera | Hruška |
| Rapa | Tuřín |
| Sale | Sůl |
| Spinaci | Špenát |
| Succo | Šťáva |
| Tonno | Tuňák |
| Torta | Dort |
| Zucchero | Cukr |

## Cibo #2
### Potraviny #2

|  |  |
|---|---|
| Banana | Banán |
| Broccolo | Brokolice |
| Ciliegia | Třešeň |
| Cioccolato | Čokoláda |
| Formaggio | Sýr |
| Fungo | Houba |
| Grano | Pšenice |
| Kiwi | Kiwi |
| Mela | Jablko |
| Melanzana | Lilek |
| Pane | Chléb |
| Pesce | Ryba |
| Pollo | Kuře |
| Pomodoro | Rajče |
| Prosciutto | Šunka |
| Riso | Rýže |
| Sedano | Celer |
| Uovo | Vejce |
| Uva | Hrozen |
| Yogurt | Jogurt |

## Cioccolato
### Čokoláda

|  |  |
|---|---|
| Amaro | Horký |
| Antiossidante | Antioxidant |
| Arachidi | Arašídy |
| Aroma | Vůně |
| Artigianale | Řemeslné |
| Cacao | Kakao |
| Calorie | Kalorie |
| Caramella | Bonbón |
| Caramello | Karamel |
| Delizioso | Lahodné |
| Dolce | Sladký |
| Esotico | Exotický |
| Gusto | Chuť |
| Ingrediente | Přísada |
| Noce di Cocco | Kokos |
| Polvere | Prášek |
| Preferito | Oblíbený |
| Qualità | Kvalita |
| Ricetta | Recept |
| Zucchero | Cukr |

## Città
### Městské

|  |  |
|---|---|
| Aeroporto | Letiště |
| Banca | Banka |
| Biblioteca | Knihovna |
| Cinema | Kino |
| Clinica | Klinika |
| Farmacia | Lékárna |
| Fiorista | Květinář |
| Galleria | Galerie |
| Hotel | Hotel |
| Libreria | Knihkupectví |
| Mercato | Trh |
| Museo | Muzeum |
| Negozio | Obchod |
| Panetteria | Pekárna |
| Scuola | Škola |
| Stadio | Stadión |
| Supermercato | Supermarket |
| Teatro | Divadlo |
| Università | Univerzita |
| Zoo | Zoo |

## Corpo Umano
### Lidské Tělo

|  |  |
|---|---|
| Bocca | Ústa |
| Caviglia | Kotník |
| Cervello | Mozek |
| Collo | Krk |
| Cuore | Srdce |
| Dito | Prst |
| Faccia | Tvář |
| Gamba | Noha |
| Ginocchio | Koleno |
| Gomito | Loket |
| Mano | Ruka |
| Mento | Brada |
| Naso | Nos |
| Occhio | Oko |
| Orecchio | Ucho |
| Pelle | Kůže |
| Sangue | Krev |
| Spalla | Rameno |
| Stomaco | Žaludek |
| Testa | Hlava |

## Creatività
### Kreativita

|  |  |
|---|---|
| Abilità | Dovednost |
| Artistico | Umělecký |
| Autenticità | Pravost |
| Chiarezza | Jasnost |
| Drammatico | Dramatický |
| Emozioni | Emoce |
| Espressione | Výraz |
| Fluidità | Tekutost |
| Idee | Nápady |
| Immaginazione | Představivost |
| Immagine | Obraz |
| Impressione | Dojem |
| Intensità | Intenzita |
| Intuizione | Intuice |
| Inventivo | Vynalézavý |
| Ispirazione | Inspirace |
| Sensazione | Pocit |
| Spontaneo | Spontánní |
| Visioni | Vize |
| Vitalità | Vitalita |

## Cucina
### Kuchyně

| | |
|---|---|
| **Bacchette** | Tyčinky |
| **Bollitore** | Konvice |
| **Brocca** | Džbán |
| **Cibo** | Jídlo |
| **Ciotola** | Mísa |
| **Coltelli** | Nože |
| **Congelatore** | Mrazák |
| **Cucchiai** | Lžíce |
| **Forchette** | Vidličky |
| **Forno** | Trouba |
| **Frigorifero** | Lednička |
| **Grembiule** | Zástěra |
| **Griglia** | Gril |
| **Mangiare** | Jíst |
| **Mestolo** | Naběračka |
| **Ricetta** | Recept |
| **Spezie** | Koření |
| **Spugna** | Houba |
| **Tovagliolo** | Ubrousek |
| **Vaso** | Sklenice |

## Diplomazia
### Diplomacie

| | |
|---|---|
| **Ambasciatore** | Velvyslanec |
| **Cittadini** | Občané |
| **Civico** | Občanský |
| **Comunità** | Společenství |
| **Conflitto** | Konflikt |
| **Consigliere** | Poradce |
| **Cooperazione** | Spolupráce |
| **Diplomatico** | Diplomatický |
| **Discussione** | Diskuse |
| **Etica** | Etika |
| **Giustizia** | Spravedlnost |
| **Governo** | Vláda |
| **Integrità** | Integrita |
| **Lingue** | Jazyky |
| **Politica** | Politika |
| **Risoluzione** | Usnesení |
| **Sicurezza** | Bezpečnostní |
| **Soluzione** | Řešení |
| **Trattato** | Smlouva |
| **Umanitario** | Humanitární |

## Discipline Scientifiche
### Vědecké Disciplíny

| | |
|---|---|
| **Anatomia** | Anatomie |
| **Archeologia** | Archeologie |
| **Astronomia** | Astronomie |
| **Biochimica** | Biochemie |
| **Biologia** | Biologie |
| **Botanica** | Botanika |
| **Chimica** | Chemie |
| **Ecologia** | Ekologie |
| **Fisiologia** | Fyziologie |
| **Geologia** | Geologie |
| **Immunologia** | Imunologie |
| **Linguistica** | Jazykověda |
| **Meccanica** | Mechanika |
| **Meteorologia** | Meteorologie |
| **Mineralogia** | Mineralogie |
| **Neurologia** | Neurologie |
| **Psicologia** | Psychologie |
| **Sociologia** | Sociologie |
| **Termodinamica** | Termodynamika |
| **Zoologia** | Zoologie |

## Ecologia
### Ekologie

| | |
|---|---|
| **Clima** | Klima |
| **Comunità** | Komunity |
| **Diversità** | Rozmanitost |
| **Fauna** | Fauna |
| **Flora** | Flóra |
| **Globale** | Globální |
| **Marino** | Mořský |
| **Montagne** | Hory |
| **Natura** | Příroda |
| **Naturale** | Přírodní |
| **Palude** | Močál |
| **Piante** | Rostliny |
| **Risorse** | Zdroje |
| **Siccità** | Sucho |
| **Sopravvivenza** | Přežití |
| **Sostenibile** | Udržitelný |
| **Specie** | Druh |
| **Varietà** | Odrůda |
| **Vegetazione** | Vegetace |
| **Volontari** | Dobrovolníci |

## Edifici
### Budovy

| | |
|---|---|
| **Appartamento** | Byt |
| **Cabina** | Kabina |
| **Castello** | Hrad |
| **Cinema** | Kino |
| **Fabbrica** | Továrna |
| **Fattoria** | Farma |
| **Fienile** | Stodola |
| **Hotel** | Hotel |
| **Laboratorio** | Laboratoř |
| **Museo** | Muzeum |
| **Ospedale** | Nemocnice |
| **Osservatorio** | Observatoř |
| **Ostello** | Hostel |
| **Scuola** | Škola |
| **Stadio** | Stadión |
| **Supermercato** | Supermarket |
| **Teatro** | Divadlo |
| **Tenda** | Stan |
| **Torre** | Věž |
| **Università** | Univerzita |

## Emozioni
### Emoce

| | |
|---|---|
| **Amore** | Láska |
| **Beatitudine** | Blaženost |
| **Calma** | Uklidnit |
| **Contenuto** | Obsah |
| **Eccitato** | Vzrušený |
| **Gentilezza** | Laskavost |
| **Gioia** | Radost |
| **Grato** | Vděčný |
| **Noia** | Nuda |
| **Pace** | Mír |
| **Paura** | Strach |
| **Rabbia** | Hněv |
| **Rilassato** | Uvolněný |
| **Rilievo** | Úleva |
| **Simpatia** | Sympatie |
| **Soddisfatto** | Spokojený |
| **Sorpresa** | Překvapit |
| **Tenerezza** | Něha |
| **Tranquillità** | Klid |
| **Tristezza** | Smutek |

## Energia
### Energie

| | |
|---|---|
| **Batteria** | Baterie |
| **Benzina** | Benzín |
| **Calore** | Teplo |
| **Carbonio** | Uhlík |
| **Carburante** | Palivo |
| **Diesel** | Nafta |
| **Elettrico** | Elektrický |
| **Elettrone** | Elektron |
| **Entropia** | Entropie |
| **Fotone** | Foton |
| **Idrogeno** | Vodík |
| **Industria** | Průmysl |
| **Inquinamento** | Znečištění |
| **Motore** | Motor |
| **Nucleare** | Jaderný |
| **Rinnovabile** | Obnovitelný |
| **Sole** | Slunce |
| **Turbina** | Turbína |
| **Vapore** | Pára |
| **Vento** | Vítr |

## Erboristeria
### Bylinkářství

| | |
|---|---|
| **Aglio** | Česnek |
| **Aneto** | Kopr |
| **Aromatico** | Aromatický |
| **Basilico** | Bazalka |
| **Culinario** | Kulinářské |
| **Dragoncello** | Estragon |
| **Finocchio** | Fenykl |
| **Fiore** | Květina |
| **Giardino** | Zahrada |
| **Ingrediente** | Přísada |
| **Lavanda** | Levandule |
| **Maggiorana** | Majoránka |
| **Menta** | Máta |
| **Origano** | Oregano |
| **Prezzemolo** | Petržel |
| **Qualità** | Kvalita |
| **Rosmarino** | Rozmarýn |
| **Timo** | Tymián |
| **Verde** | Zelená |
| **Zafferano** | Šafrán |

## Escursionismo
### Pěší Turistika

| | |
|---|---|
| **Acqua** | Voda |
| **Animali** | Zvířata |
| **Campeggio** | Kempování |
| **Clima** | Klima |
| **Guide** | Průvodce |
| **Mappa** | Mapa |
| **Montagna** | Hora |
| **Natura** | Příroda |
| **Orientamento** | Orientace |
| **Parchi** | Parky |
| **Pericoli** | Nebezpečí |
| **Pesante** | Těžký |
| **Pietre** | Kameny |
| **Preparazione** | Příprava |
| **Scogliera** | Útes |
| **Selvaggio** | Divoký |
| **Sole** | Slunce |
| **Stanco** | Unavený |
| **Stivali** | Boty |
| **Vertice** | Summit |

## Etica
### Etiky

| | |
|---|---|
| **Altruismo** | Altruismus |
| **Benevolo** | Benevolentní |
| **Compassione** | Soucit |
| **Cooperazione** | Spolupráce |
| **Dignità** | Důstojnost |
| **Diplomatico** | Diplomatický |
| **Filosofia** | Filozofie |
| **Gentilezza** | Laskavost |
| **Integrità** | Integrita |
| **Onestà** | Poctivost |
| **Ottimismo** | Optimismus |
| **Pazienza** | Trpělivost |
| **Ragionevole** | Rozumné |
| **Razionalità** | Rozumnost |
| **Realismo** | Realismus |
| **Rispettoso** | Uctivý |
| **Saggezza** | Moudrost |
| **Tolleranza** | Tolerance |
| **Umanità** | Lidstvo |
| **Valori** | Hodnoty |

## Famiglia
### Rodinná

| | |
|---|---|
| **Antenato** | Předek |
| **Bambini** | Děti |
| **Bambino** | Dítě |
| **Cugino** | Bratranec |
| **Figlia** | Dcera |
| **Fratello** | Bratr |
| **Gemelli** | Dvojčata |
| **Infanzia** | Dětství |
| **Madre** | Matka |
| **Marito** | Manžel |
| **Materno** | Mateřský |
| **Moglie** | Manželka |
| **Nipote** | Synovec |
| **Nonna** | Babička |
| **Nonno** | Dědeček |
| **Padre** | Otec |
| **Paterno** | Otcovský |
| **Sorella** | Sestra |
| **Zia** | Teta |
| **Zio** | Strýc |

## Fantascienza
### Science Fiction

| | |
|---|---|
| **Atomico** | Atomový |
| **Cinema** | Kino |
| **Distopia** | Dystopie |
| **Esplosione** | Výbuch |
| **Estremo** | Extrémní |
| **Fantastico** | Fantastický |
| **Fuoco** | Oheň |
| **Futuristico** | Futuristický |
| **Galassia** | Galaxie |
| **Illusione** | Iluze |
| **Immaginario** | Imaginární |
| **Libri** | Knihy |
| **Misterioso** | Tajemný |
| **Mondo** | Svět |
| **Oracolo** | Věštec |
| **Pianeta** | Planeta |
| **Realistico** | Realistický |
| **Robot** | Roboty |
| **Tecnologia** | Technologie |
| **Utopia** | Utopie |

## Fattoria #1
### Farma #1

| | |
|---|---|
| Acqua | Voda |
| Agricoltura | Zemědělství |
| Ape | Včela |
| Asino | Osel |
| Campo | Pole |
| Cane | Pes |
| Capra | Koza |
| Cavallo | Kůň |
| Fertilizzante | Hnojivo |
| Fieno | Seno |
| Gatto | Kočka |
| Gregge | Stádo |
| Maiale | Prase |
| Miele | Med |
| Mucca | Kráva |
| Pollo | Kuře |
| Recinto | Plot |
| Riso | Rýže |
| Semi | Semena |
| Vitello | Tele |

## Fattoria #2
### Farma #2

| | |
|---|---|
| Agnello | Jehněčí |
| Agricoltore | Zemědělec |
| Alveare | Úl |
| Anatra | Kachna |
| Animali | Zvířata |
| Cibo | Jídlo |
| Fienile | Stodola |
| Frutta | Ovoce |
| Frutteto | Sad |
| Grano | Pšenice |
| Irrigazione | Zavlažování |
| Lama | Lama |
| Latte | Mléko |
| Mais | Kukuřice |
| Oche | Husy |
| Orzo | Ječmen |
| Pastore | Pastýř |
| Pecora | Ovce |
| Prato | Louka |
| Trattore | Traktor |

## Filantropia
### Filantropie

| | |
|---|---|
| Bambini | Děti |
| Bisogno | Potřeba |
| Carità | Charita |
| Comunità | Společenství |
| Contatti | Kontakty |
| Finanza | Finance |
| Fondi | Fondy |
| Generosità | Štědrost |
| Gioventù | Mládí |
| Globale | Globální |
| Gruppi | Skupiny |
| Missione | Mise |
| Obiettivi | Cíle |
| Onestà | Poctivost |
| Persone | Lidé |
| Programmi | Programy |
| Pubblico | Veřejný |
| Sfide | Výzvy |
| Storia | Historie |
| Umanità | Lidstvo |

## Fiori
### Květiny

| | |
|---|---|
| Dente di Leone | Pampeliška |
| Gardenia | Gardénie |
| Gelsomino | Jasmín |
| Giglio | Lilie |
| Girasole | Slunečnice |
| Ibisco | Ibišek |
| Lavanda | Levandule |
| Lilla | Šeřík |
| Magnolia | Magnólie |
| Margherita | Sedmikráska |
| Mazzo | Kytice |
| Narciso | Narcis |
| Orchidea | Orchidej |
| Papavero | Mák |
| Passiflora | Mučenka |
| Peonia | Pivoňka |
| Plumeria | Plumeria |
| Rosa | Růže |
| Trifoglio | Jetel |
| Tulipano | Tulipán |

## Fisica
### Fyzika

| | |
|---|---|
| Accelerazione | Zrychlení |
| Atomo | Atom |
| Caos | Chaos |
| Chimico | Chemický |
| Densità | Hustota |
| Elettrone | Elektron |
| Espansione | Expanze |
| Formula | Vzorec |
| Frequenza | Frekvence |
| Gas | Plyn |
| Gravità | Gravitace |
| Magnetismo | Magnetismus |
| Meccanica | Mechanika |
| Molecola | Molekula |
| Motore | Motor |
| Nucleare | Jaderný |
| Particella | Částice |
| Relatività | Relativita |
| Universale | Univerzální |
| Velocità | Rychlost |

## Foresta Pluviale
### Deštný Prales

| | |
|---|---|
| Anfibi | Obojživelníci |
| Botanico | Botanický |
| Clima | Klima |
| Comunità | Společenství |
| Diversità | Rozmanitost |
| Giungla | Džungle |
| Indigeno | Původní |
| Insetti | Hmyz |
| Mammiferi | Savci |
| Muschio | Mech |
| Natura | Příroda |
| Nuvole | Mraky |
| Preservazione | Zachování |
| Prezioso | Cenný |
| Restauro | Obnovení |
| Rifugio | Útočiště |
| Rispetto | Úcta |
| Sopravvivenza | Přežití |
| Specie | Druh |
| Uccelli | Ptáci |

## Forme
### Obrazec

|  |  |
|---|---|
| Angolo | Roh |
| Arco | Oblouk |
| Bordi | Hrany |
| Cerchio | Kruh |
| Cilindro | Válec |
| Cono | Kužel |
| Cubo | Krychle |
| Curva | Křivka |
| Ellisse | Elipsa |
| Iperbole | Hyperbola |
| Lato | Strana |
| Linea | Řádek |
| Ovale | Ovál |
| Piramide | Pyramida |
| Poligono | Polygon |
| Prisma | Hranol |
| Quadrato | Náměstí |
| Rettangolo | Obdélník |
| Sfera | Koule |
| Triangolo | Trojúhelník |

## Forniture Artistiche
### Výtvarné Potřeby

|  |  |
|---|---|
| Acqua | Voda |
| Acquerelli | Akvarely |
| Acrilico | Akryl |
| Argilla | Jíl |
| Carbone | Dřevěné Uhlí |
| Carta | Papír |
| Cavalletto | Stojan |
| Colla | Lepidlo |
| Colori | Barvy |
| Creatività | Tvořivost |
| Gomma | Guma |
| Idee | Nápady |
| Inchiostro | Inkoust |
| Matite | Tužky |
| Olio | Olej |
| Pastelli | Pastely |
| Sedia | Židle |
| Spazzole | Kartáče |
| Tavolo | Stůl |
| Telecamera | Fotoaparát |

## Forza e Gravità
### Síla a Gravitace

|  |  |
|---|---|
| Asse | Osa |
| Attrito | Tření |
| Centro | Centrum |
| Dinamico | Dynamický |
| Distanza | Vzdálenost |
| Espansione | Expanze |
| Fisica | Fyzika |
| Impatto | Dopad |
| Magnetismo | Magnetismus |
| Meccanica | Mechanika |
| Movimento | Pohyb |
| Orbita | Obíhat |
| Peso | Hmotnost |
| Pianeti | Planety |
| Pressione | Tlak |
| Proprietà | Vlastnosti |
| Scoperta | Objev |
| Tempo | Čas |
| Universale | Univerzální |
| Velocità | Rychlost |

## Frutta
### Ovoce

|  |  |
|---|---|
| Albicocca | Meruňka |
| Ananas | Ananas |
| Arancia | Oranžový |
| Avocado | Avokádo |
| Bacca | Bobule |
| Banana | Banán |
| Ciliegia | Třešeň |
| Kiwi | Kiwi |
| Lampone | Malina |
| Limone | Citron |
| Mango | Mango |
| Mela | Jablko |
| Melone | Meloun |
| Mora | Ostružina |
| Nettarina | Nektarinka |
| Papaia | Papája |
| Pera | Hruška |
| Pesca | Broskev |
| Prugna | Švestka |
| Uva | Hrozen |

## Geografia
### Kategorie: Geografie

|  |  |
|---|---|
| Atlante | Atlas |
| Città | Město |
| Continente | Kontinent |
| Emisfero | Polokoule |
| Equatore | Rovník |
| Fiume | Řeka |
| Globo | Zeměkoule |
| Isola | Ostrov |
| Mappa | Mapa |
| Mare | Moře |
| Meridiano | Poledník |
| Mondo | Svět |
| Montagna | Hora |
| Nord | Severní |
| Oceano | Oceán |
| Ovest | Západ |
| Paese | Země |
| Regione | Region |
| Sud | Jih |
| Territorio | Území |

## Geologia
### Geologie

|  |  |
|---|---|
| Acido | Kyselina |
| Altopiano | Plošina |
| Calcio | Vápník |
| Caverna | Jeskyně |
| Continente | Kontinent |
| Corallo | Korál |
| Cristalli | Krystaly |
| Erosione | Eroze |
| Fossile | Fosilie |
| Geyser | Gejzír |
| Lava | Láva |
| Minerali | Minerály |
| Pietra | Kámen |
| Quarzo | Křemen |
| Sale | Sůl |
| Stalagmiti | Stalagmity |
| Stalattite | Stalaktit |
| Strato | Vrstva |
| Terremoto | Zemětřesení |
| Vulcano | Sopka |

## Geometria
### Geometrie

|  |  |
|---------|-------|
| **Altezza** | Výška |
| **Angolo** | Úhel |
| **Calcolo** | Výpočet |
| **Cerchio** | Kruh |
| **Curva** | Křivka |
| **Diametro** | Průměr |
| **Dimensione** | Dimenze |
| **Equazione** | Rovnice |
| **Logica** | Logika |
| **Mediano** | Medián |
| **Numero** | Číslo |
| **Orizzontale** | Horizontální |
| **Parallelo** | Rovnoběžný |
| **Proporzione** | Poměr |
| **Segmento** | Segment |
| **Simmetria** | Symetrie |
| **Superficie** | Povrch |
| **Teoria** | Teorie |
| **Triangolo** | Trojúhelník |
| **Verticale** | Vertikální |

## Giardino
### Zahrada

|  |  |
|---------|-------|
| **Albero** | Strom |
| **Amaca** | Houpací Sít |
| **Cespuglio** | Keř |
| **Erba** | Tráva |
| **Erbacce** | Plevel |
| **Fiore** | Květina |
| **Frutteto** | Sad |
| **Garage** | Garáž |
| **Giardino** | Zahrada |
| **Pala** | Lopata |
| **Panca** | Lavice |
| **Prato** | Trávník |
| **Rastrello** | Hrábě |
| **Recinto** | Plot |
| **Stagno** | Rybník |
| **Suolo** | Půda |
| **Terrazza** | Terasa |
| **Trampolino** | Trampolína |
| **Tubo** | Hadice |
| **Vite** | Víno |

## Giorni e Mesi
### Dny a Měsíce

|  |  |
|---------|-------|
| **Agosto** | Srpen |
| **Anno** | Rok |
| **Aprile** | Duben |
| **Calendario** | Kalendář |
| **Dicembre** | Prosinec |
| **Domenica** | Neděle |
| **Febbraio** | Únor |
| **Gennaio** | Leden |
| **Giugno** | Červen |
| **Luglio** | Červenec |
| **Lunedì** | Pondělí |
| **Martedì** | Úterý |
| **Mercoledì** | Středa |
| **Mese** | Měsíc |
| **Novembre** | Listopad |
| **Ottobre** | Říjen |
| **Sabato** | Sobota |
| **Settembre** | Září |
| **Settimana** | Týden |
| **Venerdì** | Pátek |

## Governo
### Vláda

|  |  |
|---------|-------|
| **Capo** | Vůdce |
| **Cittadinanza** | Občanství |
| **Civile** | Civilní |
| **Costituzione** | Ústava |
| **Democrazia** | Demokracie |
| **Discorso** | Projev |
| **Discussione** | Diskuse |
| **Giudiziario** | Soudní |
| **Giustizia** | Spravedlnost |
| **Indipendenza** | Nezávislost |
| **Legge** | Zákon |
| **Libertà** | Svoboda |
| **Monumento** | Pomník |
| **Nazionale** | Národní |
| **Nazione** | Národ |
| **Politica** | Politika |
| **Quartiere** | Okres |
| **Simbolo** | Symbol |
| **Stato** | Stát |
| **Uguaglianza** | Rovnost |

## Guida
### Řízení

|  |  |
|---------|-------|
| **Auto** | Auto |
| **Autobus** | Autobus |
| **Carburante** | Palivo |
| **Freni** | Brzdy |
| **Garage** | Garáž |
| **Gas** | Plyn |
| **Incidente** | Nehoda |
| **Licenza** | Licence |
| **Mappa** | Mapa |
| **Moto** | Motocykl |
| **Motore** | Motor |
| **Pedonale** | Pěší |
| **Pericolo** | Nebezpečí |
| **Polizia** | Policie |
| **Sicurezza** | Bezpečnost |
| **Strada** | Silnice |
| **Traffico** | Provoz |
| **Trasporto** | Doprava |
| **Tunnel** | Tunel |
| **Velocità** | Rychlost |

## I Media
### Médium

|  |  |
|---------|-------|
| **Atteggiamenti** | Postoje |
| **Commerciale** | Komerční |
| **Comunicazione** | Komunikace |
| **Digitale** | Digitální |
| **Edizione** | Edice |
| **Educazione** | Vzdělávání |
| **Fatti** | Fakta |
| **Finanziamento** | Financování |
| **Foto** | Fotky |
| **Giornali** | Noviny |
| **Individuale** | Jedinec |
| **Industria** | Průmysl |
| **Intellettuale** | Intelektuální |
| **Locale** | Místní |
| **Online** | Online |
| **Opinione** | Názor |
| **Pubblico** | Veřejný |
| **Radio** | Rádio |
| **Rete** | Síť |
| **Televisione** | Televize |

## Imbarcazioni
### Lodě

|  |  |
|---|---|
| Albero | Stožár |
| Ancora | Kotva |
| Barca a Vela | Plachetnice |
| Boa | Bóje |
| Canoa | Kánoe |
| Corda | Lano |
| Equipaggio | Posádka |
| Fiume | Řeka |
| Kayak | Kajak |
| Lago | Jezero |
| Mare | Moře |
| Marea | Příliv |
| Marinaio | Námořník |
| Motore | Motor |
| Nautico | Námořní |
| Oceano | Oceán |
| Onde | Vlny |
| Traghetto | Trajekt |
| Yacht | Jachta |
| Zattera | Vor |

## Ingegneria
### Inženýrství

|  |  |
|---|---|
| Angolo | Úhel |
| Asse | Osa |
| Calcolo | Výpočet |
| Costruzione | Konstrukce |
| Diagramma | Diagram |
| Diametro | Průměr |
| Diesel | Nafta |
| Distribuzione | Distribuce |
| Energia | Energie |
| Forza | Síla |
| Leve | Páky |
| Liquido | Kapalina |
| Macchina | Stroj |
| Misurazione | Měření |
| Motore | Motor |
| Profondità | Hloubka |
| Propulsione | Pohon |
| Rotazione | Rotace |
| Stabilità | Stabilita |
| Struttura | Struktura |

## Jazz
### Jazz

|  |  |
|---|---|
| Album | Album |
| Applauso | Potlesk |
| Artista | Umělec |
| Canzone | Píseň |
| Compositore | Skladatel |
| Composizione | Složení |
| Concerto | Koncert |
| Enfasi | Důraz |
| Famoso | Slavný |
| Genere | Žánr |
| Improvvisazione | Improvizace |
| Musica | Hudba |
| Nuovo | Nový |
| Orchestra | Orchestr |
| Preferiti | Oblíbené |
| Ritmo | Rytmus |
| Stile | Styl |
| Talento | Talent |
| Tecnica | Technika |
| Vecchio | Starý |

## L'Azienda
### Společnost

|  |  |
|---|---|
| Creativo | Tvořivý |
| Decisione | Rozhodnutí |
| Globale | Globální |
| Industria | Průmysl |
| Innovativo | Inovační |
| Investimento | Investice |
| Occupazione | Zaměstnání |
| Possibilità | Možnost |
| Presentazione | Prezentace |
| Prodotto | Produkt |
| Professionale | Profesionální |
| Progresso | Pokrok |
| Qualità | Kvalita |
| Reddito | Výnos |
| Reputazione | Pověst |
| Rischi | Rizika |
| Risorse | Zdroje |
| Salari | Mzdy |
| Tendenze | Trendy |
| Unità | Jednotky |

## Letteratura
### Literatura

|  |  |
|---|---|
| Analisi | Analýza |
| Analogia | Analogie |
| Aneddoto | Anekdota |
| Autore | Autor |
| Biografia | Životopis |
| Conclusione | Závěr |
| Confronto | Srovnání |
| Descrizione | Popis |
| Dialogo | Dialog |
| Genere | Žánr |
| Metafora | Metafora |
| Opinione | Názor |
| Poesia | Báseň |
| Poetico | Poetický |
| Rima | Rým |
| Ritmo | Rytmus |
| Romanzo | Román |
| Stile | Styl |
| Tema | Téma |
| Tragedia | Tragédie |

## Libri
### Knihy

|  |  |
|---|---|
| Autore | Autor |
| Avventura | Dobrodružství |
| Collezione | Sbírka |
| Contesto | Kontext |
| Dualità | Dualita |
| Epico | Epos |
| Inventivo | Vynalézavý |
| Letterario | Literární |
| Lettore | Čtenář |
| Narratore | Vypravěč |
| Pagina | Stránka |
| Poesia | Poezie |
| Rilevante | Relevantní |
| Romanzo | Román |
| Scritto | Psaný |
| Serie | Řada |
| Storia | Příběh |
| Storico | Historický |
| Tragico | Tragický |
| Umoristico | Vtipný |

## Malattia
### Choroba

| | |
|---|---|
| **Acuto** | Akutní |
| **Addominale** | Břišní |
| **Allergie** | Alergie |
| **Batterico** | Bakteriální |
| **Contagioso** | Nakažlivý |
| **Corpo** | Tělo |
| **Cronico** | Chronický |
| **Cuore** | Srdce |
| **Debole** | Slabý |
| **Ereditario** | Dědičný |
| **Genetico** | Genetický |
| **Immunità** | Imunita |
| **Infiammazione** | Zánět |
| **Lombare** | Bederní |
| **Neuropatia** | Neuropatie |
| **Polmonare** | Plicní |
| **Respiratorio** | Respirační |
| **Salute** | Zdraví |
| **Sindrome** | Syndrom |
| **Terapia** | Terapie |

## Mammiferi
### Savci

| | |
|---|---|
| **Balena** | Velryba |
| **Cane** | Pes |
| **Canguro** | Klokan |
| **Cavallo** | Kůň |
| **Cervo** | Jelen |
| **Coniglio** | Králík |
| **Coyote** | Kojot |
| **Delfino** | Delfín |
| **Elefante** | Slon |
| **Gatto** | Kočka |
| **Giraffa** | Žirafa |
| **Gorilla** | Gorila |
| **Leone** | Lev |
| **Lupo** | Vlk |
| **Orso** | Medvěd |
| **Pecora** | Ovce |
| **Scimmia** | Opice |
| **Toro** | Býk |
| **Volpe** | Liška |
| **Zebra** | Zebra |

## Matematica
### Matematika

| | |
|---|---|
| **Angoli** | Úhly |
| **Aritmetica** | Aritmetický |
| **Decimale** | Desetinný |
| **Diametro** | Průměr |
| **Divisione** | Divize |
| **Equazione** | Rovnice |
| **Esponente** | Exponent |
| **Frazione** | Zlomek |
| **Geometria** | Geometrie |
| **Parallelo** | Rovnoběžný |
| **Parallelogramma** | Rovnoběžník |
| **Perimetro** | Obvod |
| **Poligono** | Polygon |
| **Quadrato** | Náměstí |
| **Raggio** | Poloměr |
| **Rettangolo** | Obdélník |
| **Simmetria** | Symetrie |
| **Somma** | Součet |
| **Triangolo** | Trojúhelník |
| **Volume** | Objem |

## Meditazione
### Rozjímání

| | |
|---|---|
| **Accettazione** | Přijetí |
| **Attenzione** | Pozornost |
| **Calma** | Uklidnit |
| **Chiarezza** | Jasnost |
| **Compassione** | Soucit |
| **Emozioni** | Emoce |
| **Felicità** | Štěstí |
| **Gentilezza** | Laskavost |
| **Gratitudine** | Vděčnost |
| **Mentale** | Duševní |
| **Mente** | Mysl |
| **Movimento** | Hnutí |
| **Musica** | Hudba |
| **Natura** | Příroda |
| **Osservazione** | Pozorování |
| **Pace** | Mír |
| **Pensieri** | Myšlenky |
| **Prospettiva** | Perspektiva |
| **Respirazione** | Dýchání |
| **Silenzio** | Umlčet |

## Misurazioni
### Měření

| | |
|---|---|
| **Altezza** | Výška |
| **Byte** | Bajt |
| **Centimetro** | Centimetr |
| **Chilogrammo** | Kilogram |
| **Chilometro** | Kilometr |
| **Decimale** | Desetinný |
| **Grado** | Stupeň |
| **Grammo** | Gram |
| **Larghezza** | Šířka |
| **Litro** | Litr |
| **Lunghezza** | Délka |
| **Metro** | Metr |
| **Minuto** | Minuta |
| **Oncia** | Unce |
| **Peso** | Hmotnost |
| **Pinta** | Pinta |
| **Pollice** | Palec |
| **Profondità** | Hloubka |
| **Tonnellata** | Tón |
| **Volume** | Objem |

## Mitologia
### Mytologie

| | |
|---|---|
| **Archetipo** | Archetyp |
| **Comportamento** | Chování |
| **Creatura** | Stvoření |
| **Creazione** | Vytvoření |
| **Cultura** | Kultura |
| **Disastro** | Katastrofa |
| **Divinità** | Božstva |
| **Eroe** | Hrdina |
| **Forza** | Síla |
| **Fulmine** | Blesk |
| **Gelosia** | Žárlivost |
| **Guerriero** | Bojovník |
| **Immortalità** | Nesmrtelnost |
| **Labirinto** | Labyrint |
| **Leggenda** | Legenda |
| **Magico** | Magický |
| **Mortale** | Smrtelný |
| **Mostro** | Příšera |
| **Tuono** | Hrom |
| **Vendetta** | Pomsta |

## Moda
### Módní

| | |
|---|---|
| Abbigliamento | Oblečení |
| Boutique | Butik |
| Caro | Drahý |
| Confortevole | Pohodlný |
| Elegante | Elegantní |
| Misure | Měření |
| Modello | Vzor |
| Moderno | Moderní |
| Modesto | Skromný |
| Originale | Původní |
| Pizzo | Krajka |
| Pratico | Praktický |
| Pulsanti | Tlačítka |
| Ricamo | Výšivka |
| Semplice | Jednoduchý |
| Sofisticato | Sofistikovaný |
| Stile | Styl |
| Tendenza | Trend |
| Tessuto | Tkanina |
| Trama | Textura |

## Musica
### Hudba

| | |
|---|---|
| Album | Album |
| Armonia | Harmonie |
| Armonico | Harmonický |
| Ballata | Balada |
| Cantante | Zpěvák |
| Cantare | Zpívat |
| Classico | Klasický |
| Coro | Refrén |
| Lirico | Lyrický |
| Melodia | Melodie |
| Microfono | Mikrofon |
| Musicale | Hudební |
| Musicista | Hudebník |
| Opera | Opera |
| Poetico | Poetický |
| Registrazione | Nahrávka |
| Ritmico | Rytmický |
| Ritmo | Rytmus |
| Strumento | Nástroj |
| Vocale | Hlasový |

## Natura
### Příroda

| | |
|---|---|
| Animali | Zvířata |
| Api | Včely |
| Artico | Arktický |
| Bellezza | Krása |
| Deserto | Poušť |
| Dinamico | Dynamický |
| Erosione | Eroze |
| Fiume | Řeka |
| Fogliame | List |
| Foresta | Les |
| Ghiacciaio | Ledovec |
| Montagne | Hory |
| Nebbia | Mlha |
| Nuvole | Mraky |
| Rifugio | Útočiště |
| Santuario | Svatyně |
| Selvaggio | Divoký |
| Sereno | Klidný |
| Tropicale | Tropický |
| Vitale | Vitální |

## Numeri
### Čísla

| | |
|---|---|
| Cinque | Pět |
| Decimale | Desetinný |
| Diciannove | Devatenáct |
| Diciassette | Sedmnáct |
| Diciotto | Osmnáct |
| Dieci | Deset |
| Dodici | Dvanáct |
| Due | Dva |
| Nove | Devět |
| Otto | Osm |
| Quattordici | Čtrnáct |
| Quattro | Čtyři |
| Quindici | Patnáct |
| Sedici | Šestnáct |
| Sei | Šest |
| Sette | Sedm |
| Tre | Tři |
| Tredici | Třináct |
| Venti | Dvacet |
| Zero | Nula |

## Nutrizione
### Výživa

| | |
|---|---|
| Amaro | Horký |
| Appetito | Chuť |
| Bilanciato | Vyvážený |
| Calorie | Kalorie |
| Carboidrati | Sacharid |
| Commestibile | Jedlý |
| Dieta | Strava |
| Digestione | Trávení |
| Fermentazione | Kvašení |
| Liquidi | Kapaliny |
| Nutriente | Živina |
| Peso | Hmotnost |
| Proteine | Proteiny |
| Qualità | Kvalita |
| Salsa | Omáčka |
| Salute | Zdraví |
| Sano | Zdravý |
| Spezie | Koření |
| Tossina | Toxin |
| Vitamina | Vitamín |

## Oceano
### Oceán

| | |
|---|---|
| Anguilla | Úhoř |
| Balena | Velryba |
| Barca | Loď |
| Corallo | Korál |
| Delfino | Delfín |
| Gamberetto | Kreveta |
| Granchio | Krab |
| Maree | Přílivy |
| Medusa | Medúza |
| Onde | Vlny |
| Ostrica | Ústřice |
| Pesce | Ryba |
| Polpo | Chobotnice |
| Sale | Sůl |
| Scogliera | Útes |
| Spugna | Houba |
| Squalo | Žralok |
| Tartaruga | Želva |
| Tempesta | Bouře |
| Tonno | Tuňák |

## Paesaggi
### Krajiny

| | |
|---|---|
| **Cascata** | Vodopád |
| **Collina** | Kopec |
| **Deserto** | Poušť |
| **Dune** | Duny |
| **Fiume** | Řeka |
| **Geyser** | Gejzír |
| **Ghiacciaio** | Ledovec |
| **Grotta** | Jeskyně |
| **Isola** | Ostrov |
| **Lago** | Jezero |
| **Mare** | Moře |
| **Montagna** | Hora |
| **Oasi** | Oáza |
| **Oceano** | Oceán |
| **Palude** | Bažina |
| **Penisola** | Poloostrov |
| **Spiaggia** | Pláž |
| **Tundra** | Tundra |
| **Valle** | Údolí |
| **Vulcano** | Sopka |

## Paesi #1
### Země #1

| | |
|---|---|
| **Brasile** | Brazílie |
| **Cambogia** | Kambodža |
| **Canada** | Kanada |
| **Egitto** | Egypt |
| **Finlandia** | Finsko |
| **Germania** | Německo |
| **India** | Indie |
| **Iraq** | Irák |
| **Israele** | Izrael |
| **Libia** | Libye |
| **Mali** | Mali |
| **Marocco** | Maroko |
| **Norvegia** | Norsko |
| **Panama** | Panama |
| **Polonia** | Polsko |
| **Romania** | Rumunsko |
| **Senegal** | Senegal |
| **Spagna** | Španělsko |
| **Venezuela** | Venezuela |
| **Vietnam** | Vietnam |

## Paesi #2
### Země #2

| | |
|---|---|
| **Albania** | Albánie |
| **Danimarca** | Dánsko |
| **Etiopia** | Etiopie |
| **Giamaica** | Jamajka |
| **Giappone** | Japonsko |
| **Grecia** | Řecko |
| **Haiti** | Haiti |
| **Indonesia** | Indonésie |
| **Irlanda** | Irsko |
| **Laos** | Laos |
| **Liberia** | Libérie |
| **Messico** | Mexiko |
| **Nepal** | Nepál |
| **Nigeria** | Nigérie |
| **Pakistan** | Pákistán |
| **Russia** | Rusko |
| **Siria** | Sýrie |
| **Sudan** | Súdán |
| **Ucraina** | Ukrajina |
| **Uganda** | Uganda |

## Piante
### Rostliny

| | |
|---|---|
| **Albero** | Strom |
| **Bacca** | Bobule |
| **Bambù** | Bambus |
| **Botanica** | Botanika |
| **Cactus** | Kaktus |
| **Cespuglio** | Keř |
| **Crescere** | Růst |
| **Edera** | Břečťan |
| **Erba** | Tráva |
| **Fagiolo** | Fazole |
| **Fertilizzante** | Hnojivo |
| **Fiore** | Květina |
| **Flora** | Flóra |
| **Fogliame** | List |
| **Foresta** | Les |
| **Giardino** | Zahrada |
| **Muschio** | Mech |
| **Radice** | Kořen |
| **Sole** | Slunce |
| **Vegetazione** | Vegetace |

## Professioni #1
### Profese #1

| | |
|---|---|
| **Allenatore** | Trenér |
| **Ambasciatore** | Velvyslanec |
| **Artista** | Umělec |
| **Astronomo** | Astronom |
| **Avvocato** | Advokát |
| **Ballerino** | Tanečník |
| **Banchiere** | Bankéř |
| **Cacciatore** | Lovec |
| **Cartografo** | Kartograf |
| **Editore** | Editor |
| **Farmacista** | Lékárník |
| **Geologo** | Geolog |
| **Gioielliere** | Klenotník |
| **Idraulico** | Instalatér |
| **Infermiera** | Sestra |
| **Musicista** | Hudebník |
| **Pianista** | Pianista |
| **Psicologo** | Psycholog |
| **Scienziato** | Vědec |
| **Veterinario** | Veterinář |

## Professioni #2
### Profese #2

| | |
|---|---|
| **Astronauta** | Astronaut |
| **Bibliotecario** | Knihovník |
| **Biologo** | Biolog |
| **Chirurgo** | Chirurg |
| **Dentista** | Zubař |
| **Filosofo** | Filozof |
| **Fotografo** | Fotograf |
| **Giardiniere** | Zahradník |
| **Giornalista** | Novinář |
| **Illustratore** | Ilustrátor |
| **Ingegnere** | Inženýr |
| **Insegnante** | Učitel |
| **Inventore** | Vynálezce |
| **Investigatore** | Vyšetřovatel |
| **Linguista** | Lingvista |
| **Medico** | Lékař |
| **Pilota** | Pilot |
| **Pittore** | Malíř |
| **Ricercatore** | Výzkumník |
| **Zoologo** | Zoolog |

## Psicologia
### Psychologie

| | |
|---|---|
| **Appuntamento** | Jmenování |
| **Clinico** | Klinický |
| **Cognizione** | Poznání |
| **Comportamento** | Chování |
| **Conflitto** | Konflikt |
| **Ego** | Ego |
| **Emozioni** | Emoce |
| **Esperienze** | Zkušenosti |
| **Idee** | Nápady |
| **Inconscio** | Nevědomý |
| **Infanzia** | Dětství |
| **Pensieri** | Myšlenky |
| **Percezione** | Vnímání |
| **Personalità** | Osobnost |
| **Problema** | Problém |
| **Realtà** | Realita |
| **Sensazione** | Pocit |
| **Subconscio** | Podvědomý |
| **Terapia** | Terapie |
| **Valutazione** | Posouzení |

## Riscaldamento Globale
### Globální Oteplování

| | |
|---|---|
| **Artico** | Arktický |
| **Attenzione** | Pozornost |
| **Clima** | Klima |
| **Conseguenze** | Důsledky |
| **Crisi** | Krize |
| **Dati** | Data |
| **Energia** | Energie |
| **Futuro** | Budoucnost |
| **Gas** | Plyn |
| **Generazioni** | Generace |
| **Governo** | Vláda |
| **Habitat** | Stanoviště |
| **Industria** | Průmysl |
| **Internazionale** | Mezinárodní |
| **Legislazione** | Legislativa |
| **Ora** | Teď |
| **Popolazioni** | Populace |
| **Scienziato** | Vědec |
| **Sviluppo** | Rozvoj |
| **Temperature** | Teploty |

## Ristorante #1
### Restaurace #1

| | |
|---|---|
| **Allergia** | Alergie |
| **Caffè** | Káva |
| **Cameriera** | Číšnice |
| **Carne** | Maso |
| **Cassiere** | Pokladní |
| **Cibo** | Jídlo |
| **Ciotola** | Mísa |
| **Coltello** | Nůž |
| **Cucina** | Kuchyně |
| **Dessert** | Dezert |
| **Ingredienti** | Ingredience |
| **Mangiare** | Jíst |
| **Menù** | Menu |
| **Pane** | Chléb |
| **Piatto** | Talíř |
| **Piccante** | Pikantní |
| **Pollo** | Kuře |
| **Prenotazione** | Rezervace |
| **Salsa** | Omáčka |
| **Tovagliolo** | Ubrousek |

## Ristorante #2
### Restaurace #2

| | |
|---|---|
| **Acqua** | Voda |
| **Aperitivo** | Předkrm |
| **Bevanda** | Nápoj |
| **Cameriere** | Číšník |
| **Cena** | Večeře |
| **Cucchiaio** | Lžíce |
| **Delizioso** | Lahodné |
| **Forchetta** | Vidlička |
| **Frutta** | Ovoce |
| **Ghiaccio** | Led |
| **Insalata** | Salát |
| **Minestra** | Polévka |
| **Pesce** | Ryba |
| **Pranzo** | Oběd |
| **Sale** | Sůl |
| **Sedia** | Židle |
| **Spezie** | Koření |
| **Torta** | Dort |
| **Uova** | Vejce |
| **Verdure** | Zelenina |

## Salute e Benessere #1
### Zdraví a Wellness #1

| | |
|---|---|
| **Abitudine** | Zvyk |
| **Altezza** | Výška |
| **Attivo** | Aktivní |
| **Batteri** | Bakterie |
| **Clinica** | Klinika |
| **Fame** | Hlad |
| **Farmacia** | Lékárna |
| **Frattura** | Zlomenina |
| **Medicina** | Lék |
| **Medico** | Lékař |
| **Muscoli** | Svaly |
| **Nervi** | Nervy |
| **Ormoni** | Hormony |
| **Ossa** | Kosti |
| **Pelle** | Kůže |
| **Riflesso** | Reflex |
| **Rilassamento** | Relaxace |
| **Terapia** | Terapie |
| **Trattamento** | Léčba |
| **Virus** | Virus |

## Salute e Benessere #2
### Zdraví a Wellness #2

| | |
|---|---|
| **Allergia** | Alergie |
| **Anatomia** | Anatomie |
| **Appetito** | Chuť |
| **Caloria** | Kalorie |
| **Corpo** | Tělo |
| **Dieta** | Strava |
| **Digestione** | Trávení |
| **Disidratazione** | Dehydratace |
| **Energia** | Energie |
| **Genetica** | Genetika |
| **Igiene** | Hygiena |
| **Infezione** | Infekce |
| **Malattia** | Nemoc |
| **Massaggio** | Masáž |
| **Nutrizione** | Výživa |
| **Ospedale** | Nemocnice |
| **Peso** | Hmotnost |
| **Sangue** | Krev |
| **Sano** | Zdravý |
| **Vitamina** | Vitamín |

## Scienza
### Věda

| | |
|---|---|
| **Atomo** | Atom |
| **Chimico** | Chemický |
| **Clima** | Klima |
| **Dati** | Data |
| **Esperimento** | Experiment |
| **Evoluzione** | Vývoj |
| **Fatto** | Skutečnost |
| **Fisica** | Fyzika |
| **Fossile** | Fosilie |
| **Gravità** | Gravitace |
| **Ipotesi** | Hypotéza |
| **Laboratorio** | Laboratoř |
| **Metodo** | Metoda |
| **Minerali** | Minerály |
| **Molecole** | Molekuly |
| **Natura** | Příroda |
| **Organismo** | Organismus |
| **Osservazione** | Pozorování |
| **Particelle** | Částice |
| **Scienziato** | Vědec |

## Spezie
### Koření

| | |
|---|---|
| **Aglio** | Česnek |
| **Amaro** | Horký |
| **Anice** | Anýz |
| **Cannella** | Skořice |
| **Cardamomo** | Kardamon |
| **Cipolla** | Cibule |
| **Coriandolo** | Koriandr |
| **Cumino** | Kmín |
| **Curcuma** | Kurkuma |
| **Curry** | Kari |
| **Dolce** | Sladký |
| **Finocchio** | Fenykl |
| **Gusto** | Příchuť |
| **Liquirizia** | Lékořice |
| **Paprika** | Paprika |
| **Pepe** | Pepř |
| **Sale** | Sůl |
| **Vaniglia** | Vanilka |
| **Zafferano** | Šafrán |
| **Zenzero** | Zázvor |

## Strumenti Musicali
### Hudební Nástroje

| | |
|---|---|
| **Armonica** | Harmonika |
| **Arpa** | Harfa |
| **Banjo** | Bendžo |
| **Chitarra** | Kytara |
| **Clarinetto** | Klarinet |
| **Fagotto** | Fagot |
| **Flauto** | Flétna |
| **Gong** | Gong |
| **Mandolino** | Mandolína |
| **Marimba** | Marimba |
| **Oboe** | Hoboj |
| **Percussione** | Poklep |
| **Pianoforte** | Klavír |
| **Sassofono** | Saxofon |
| **Tamburello** | Tamburína |
| **Tamburo** | Buben |
| **Tromba** | Trubka |
| **Trombone** | Pozoun |
| **Violino** | Housle |
| **Violoncello** | Violoncello |

## Tempo
### Čas

| | |
|---|---|
| **Anno** | Rok |
| **Annuale** | Roční |
| **Calendario** | Kalendář |
| **Decennio** | Desetiletí |
| **Dopo** | Po |
| **Futuro** | Budoucnost |
| **Giorno** | Den |
| **Ieri** | Včera |
| **Mattina** | Ráno |
| **Mese** | Měsíc |
| **Mezzogiorno** | Poledne |
| **Minuto** | Minuta |
| **Notte** | Noc |
| **Oggi** | Dnes |
| **Ora** | Hodina |
| **Orologio** | Hodiny |
| **Presto** | Brzy |
| **Prima** | Před |
| **Secolo** | Století |
| **Settimana** | Týden |

## Tipi di Capelli
### Typy Vlasů

| | |
|---|---|
| **Argento** | Stříbro |
| **Asciutto** | Suchý |
| **Bianco** | Bílý |
| **Biondo** | Blond |
| **Breve** | Krátký |
| **Calvo** | Plešatý |
| **Colorato** | Barevný |
| **Grigio** | Šedá |
| **Intrecciato** | Pletené |
| **Liscio** | Hladký |
| **Lungo** | Dlouhý |
| **Marrone** | Hnědý |
| **Morbido** | Měkký |
| **Nero** | Černá |
| **Ondulato** | Vlnitý |
| **Riccio** | Kudrnatý |
| **Riccioli** | Kadeř |
| **Sano** | Zdravý |
| **Sottile** | Tenký |
| **Spessore** | Tlustý |

## Uccelli
### Ptactvo

| | |
|---|---|
| **Airone** | Volavka |
| **Anatra** | Kachna |
| **Aquila** | Orel |
| **Cicogna** | Čáp |
| **Cigno** | Labuť |
| **Colomba** | Holubice |
| **Cuculo** | Kukačka |
| **Fenicottero** | Plameňák |
| **Gabbiano** | Racek |
| **Oca** | Husa |
| **Pappagallo** | Papoušek |
| **Passero** | Vrabec |
| **Pavone** | Páv |
| **Pellicano** | Pelikán |
| **Piccione** | Holub |
| **Pinguino** | Tučňák |
| **Pollo** | Kuře |
| **Struzzo** | Pštros |
| **Tucano** | Tukan |
| **Uovo** | Vejce |

## Vacanze #2
### Dovolená #2

|  |  |
|---|---|
| **Aeroporto** | Letiště |
| **Campeggio** | Kempování |
| **Destinazione** | Destinace |
| **Foto** | Fotky |
| **Hotel** | Hotel |
| **Isola** | Ostrov |
| **Mappa** | Mapa |
| **Mare** | Moře |
| **Passaporto** | Cestovní Pas |
| **Ristorante** | Restaurace |
| **Spiaggia** | Pláž |
| **Straniero** | Cizinec |
| **Taxi** | Taxi |
| **Tempo Libero** | Volný Čas |
| **Tenda** | Stan |
| **Trasporto** | Doprava |
| **Treno** | Vlak |
| **Vacanza** | Dovolená |
| **Viaggio** | Cesta |
| **Visto** | Vízum |

## Veicoli
### Životnost

|  |  |
|---|---|
| **Aereo** | Letadlo |
| **Ambulanza** | Sanitka |
| **Auto** | Auto |
| **Autobus** | Autobus |
| **Barca** | Loď |
| **Bicicletta** | Jízdní Kolo |
| **Camion** | Náklaďák |
| **Caravan** | Karavana |
| **Elicottero** | Vrtulník |
| **Metropolitana** | Metro |
| **Motore** | Motor |
| **Pneumatici** | Pneumatiky |
| **Razzo** | Raketa |
| **Scooter** | Koloběžka |
| **Sottomarino** | Ponorka |
| **Taxi** | Taxi |
| **Traghetto** | Trajekt |
| **Trattore** | Traktor |
| **Treno** | Vlak |
| **Zattera** | Vor |

## Verdure
### Zelenina

|  |  |
|---|---|
| **Aglio** | Česnek |
| **Broccolo** | Brokolice |
| **Carciofo** | Artyčok |
| **Carota** | Mrkev |
| **Cetriolo** | Okurka |
| **Cipolla** | Cibule |
| **Fungo** | Houba |
| **Insalata** | Salát |
| **Melanzana** | Lilek |
| **Patata** | Brambor |
| **Pisello** | Hrášek |
| **Pomodoro** | Rajče |
| **Prezzemolo** | Petržel |
| **Rapa** | Tuřín |
| **Ravanello** | Ředkev |
| **Scalogno** | Šalotka |
| **Sedano** | Celer |
| **Spinaci** | Špenát |
| **Zenzero** | Zázvor |
| **Zucca** | Dýně |

## Vestiti
### Oblečení

|  |  |
|---|---|
| **Abito** | Šaty |
| **Braccialetto** | Náramek |
| **Camicetta** | Halenka |
| **Camicia** | Košile |
| **Cappello** | Klobouk |
| **Cappotto** | Kabát |
| **Cintura** | Pás |
| **Collana** | Náhrdelník |
| **Giacca** | Bunda |
| **Gonna** | Sukně |
| **Grembiule** | Zástěra |
| **Guanti** | Rukavice |
| **Jeans** | Džíny |
| **Maglione** | Svetr |
| **Moda** | Móda |
| **Pantaloni** | Kalhoty |
| **Pigiama** | Pyžamo |
| **Sandali** | Sandály |
| **Scarpa** | Bota |
| **Sciarpa** | Šátek |

# Congratulazioni

**Ce l'hai fatta!**

Speriamo che questo libro vi sia piaciuto tanto quanto a noi è piaciuto concepirlo. Ci sforziamo di creare libri della più alta qualità possibile.
Questa edizione è progettata per fornire un apprendimento intelligente, di qualità e divertente!

Le è piaciuto questo libro?

-------

## Una Semplice Richiesta

Questi libri esistono grazie alle recensioni che pubblicate.

Puoi aiutarci lasciando una recensione
ora a questo link ?

BestBooksActivity.com/Recensioni50

# SFIDA FINALE!

## Sfida n°1

Sei pronto per il tuo gioco gratuito? Li usiamo sempre, ma non sono così facili da trovare - ecco i **Sinonimi!**

Scrivi 5 parole che hai trovato nei puzzle (n° 21, n° 36, n° 76) e prova a trovare 2 sinonimi per ogni parola.

### Scrivi 5 parole del **Puzzle 21**

| Parole | Sinonimo 1 | Sinonimo 2 |
|--------|-----------|-----------|
|        |           |           |
|        |           |           |
|        |           |           |
|        |           |           |
|        |           |           |

### Scrivi 5 parole del **Puzzle 36**

| Parole | Sinonimo 1 | Sinonimo 2 |
|--------|-----------|-----------|
|        |           |           |
|        |           |           |
|        |           |           |
|        |           |           |
|        |           |           |

### Scrivi 5 parole del **Puzzle 76**

| Parole | Sinonimo 1 | Sinonimo 2 |
|--------|-----------|-----------|
|        |           |           |
|        |           |           |
|        |           |           |
|        |           |           |
|        |           |           |

# Sfida n°2

Ora che ti sei riscaldato, scrivi 5 parole che hai trovato nei puzzle n° 9, n° 17 e n° 25 e cerca di trovare 2 contrari per ogni parola. Quanti ne puoi trovare in 20 minuti?

*Scrivi 5 parole del* **Puzzle 9**

| Parole | Antonimo 1 | Antonimo 2 |
|--------|-----------|-----------|
|  |  |  |
|  |  |  |
|  |  |  |
|  |  |  |
|  |  |  |

*Scrivi 5 parole del* **Puzzle 17**

| Parole | Antonimo 1 | Antonimo 2 |
|--------|-----------|-----------|
|  |  |  |
|  |  |  |
|  |  |  |
|  |  |  |
|  |  |  |

*Scrivi 5 parole del* **Puzzle 25**

| Parole | Antonimo 1 | Antonimo 2 |
|--------|-----------|-----------|
|  |  |  |
|  |  |  |
|  |  |  |
|  |  |  |
|  |  |  |

# Sfida n°3

Grande! Questa sfida non è niente per te!

Pronto per la sfida finale? Scegli 10 parole che hai scoperto nei diversi puzzle e scrivile qui sotto.

| | |
|---|---|
| 1. | 6. |
| 2. | 7. |
| 3. | 8. |
| 4. | 9. |
| 5. | 10. |

Ora scrivi un testo pensando a una persona, un animale o un luogo che ti piace.

*Puoi usare l'ultima pagina di questo libro come bozza.*

## La tua composizione:

# TACCUINO:

# A PRESTO!

*Tutta la Squadra*

**BESTACTIVITYBOOKS.COM/FREEGAMES**